本书获得了教育部社会科学基金青年项目"网络租金攫取视角下CVC治
理与升级的协同机制研究"（项目号：16YJC630186）的支持

U0620537

宗　文◎著

Research on Dynamic Mechanism and Construction Strategy of
Enterprise Upgrading Rent Performance

企业升级
租金绩效的动力机制
及其构建研究

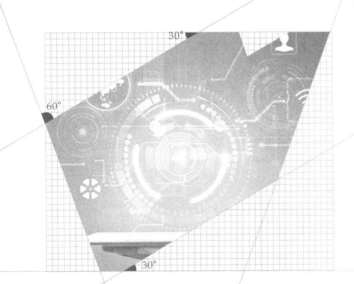

经济管理出版社

ECONOMY & MANAGEMENT PUBLISHING HOUSE

图书在版编目（CIP）数据

企业升级租金绩效的动力机制及其构建研究 / 宗文著 . —北京：经济管理出版社，2021. 11

ISBN 978-7-5096-8000-1

Ⅰ.①企…　Ⅱ.①宗…　Ⅲ.①企业升级—企业绩效—研究—中国　Ⅳ.①F279.232.5

中国版本图书馆 CIP 数据核字（2021）第 219887 号

组稿编辑：张广花

责任编辑：张广花

责任印制：黄章平

责任校对：董杉珊

出版发行：经济管理出版社
　　　　　（北京市海淀区北蜂窝 8 号中雅大厦 A 座 11 层　100038）

网　　　址：www. E-mp. com. cn

电　　　话：（010）51915602

印　　　刷：唐山玺诚印务有限公司

经　　　销：新华书店

开　　　本：720mm×1000mm /16

印　　　张：11. 25

字　　　数：200 千字

版　　　次：2022 年 1 月第 1 版　　2022 年 1 月第 1 次印刷

书　　　号：ISBN 978-7-5096-8000-1

定　　　价：78. 00 元

·版权所有　翻印必究·

凡购本社图书，如有印装错误，由本社发行部负责调换。

联系地址：北京市海淀区北蜂窝 8 号中雅大厦 11 层

电话：（010）68022974　　邮编：100038

　　随着国际经济摩擦日益频繁和全球产业竞争范式的转变，积极参与国际分工并向全球价值链中高端攀升的中国企业遭遇新的升级冲击。有些发达国家在新一轮工业革命中通过掌握各类技术，加强对新兴产业和传统产业中科技要素与产业资源的整合，在一定程度上阻碍了中国企业向竞争优势跃迁的转型升级路径。党的十九大报告提出，需要"加快建设制造强国，加快发展先进制造业""促进我国产业迈向全球价值链中高端""培育具有全球竞争力的世界一流企业"。中国各地政府也明确将"转型升级，提质增效"作为工作主线，多次强调中国企业必须加强创新驱动，加快转型升级，提升在全球经济治理中的话语权。虽然近些年企业重视实现从"价值增量"向"价值增质"的升级，但由于长期忽视"价值权力"和竞争优势的培育，企业突破"低端锁定"的升级动力不足，亟待重塑企业高质量发展的主动意识和战略意识，培育升级动能。在这样的背景下，有必要对企业"价值增质"升级进行系统的研究。2016年，我们有幸获得了教育部社会科学基金青年项目"网络租金攫取视角下GVN价值治理与升级的协同机制研究"（项目号：16YJC630186）的支持，得以对该问题进行较深入的思考和研究，本书是围绕该主题的主要研究成果。

　　本书研究问题的形成源于现有主流成熟理论与企业管理实践的脱节。在企业实践中，嵌入全球价值链、全球价值网络中的大多数中国企业被广泛分配到低附加值、高资源消耗的低端利润环节，在高端化进程中普遍遭遇了升级陷阱，这已是不争的事实。因此，中国企业具有实践有效升级、提升在全球经济治理中的话语权的迫切需求。然而，在管理理论方面，由于主流全球价值链理论主要关注跨国旗舰企业利益假设下的升级能力，忽略本土企业升级能力的价值分配问题，对本土企业的研究存在"本体错位"和"升级盲点"两大局限，即"伪升级"悖论。

本书认为企业升级摆脱低价值泥潭的关键是正视而非忽视被俘现状，是主动寻求而非惧怕博弈高附加值增值环节，逐步树立价值权力争夺意识。因此，"租金"是理解这一问题的关键概念。价值权力意味着企业在价值链网上的分工和租金分配中的话语权，是竞争优势的利润来源和索取权；不是一般利润，不是低端附加价值，是在合作分工的全球生产网络中攫取网络租金的能力。在此思路下，需要系统地深入研析，明确研究目标，界定研究命题，明晰研究思路，不囿于原有的研究视角和研究方法，综合新视角方法，进行逻辑推演、理论机理和实证检验，从而得出企业升级租金绩效的动力构建策略，以科学研究为企业实践"价值增质"升级提供理论上的依据。

本书分为三篇。第一篇为全球价值网络与中国企业发展研析。通过回顾全球价值链（Global Value Chains，GVC）和全球价值网络（Global Value Network，GVN）随国际分工日益细化而产生和发展的现状，细致解构整个价值链网上的价值环节，研析中国本土企业所处的价值链网位势、突破低端锁定的升级实践及其理论现状，明晰破解"伪升级"悖论的急迫需求。第二篇为GVN价值治理与升级的协同机制。选取租金攫取这一视角，突破主流GVN价值治理与升级理论割裂的研究维度，赋予升级新内涵，指出企业升级具有租金攫取的本质属性。价值治理的双核心是租金创造和租金分配，协同企业升级的两个核心构件，即升级能力和升级绩效，升级能力是企业依据自身拥有的竞争优势要素进行租金创造的能力，升级绩效是企业与其他相关要素供给者讨价还价的能力，是主动占有租金份额的能力。将"租金创造—升级能力—租金分配—升级绩效"置于同一系统内，建立"租金—升级"协同演化范式，揭示微观角度的GVN价值治理与企业升级的协同演化机理。事实上，围绕租金绩效，企业在网络竞合的新情境中与各种商业生态主体进行价值博弈以实现渐进性的升级，正成为本土企业升级的趋势，既体现本土企业寻求升级的主动性价值主张，是价值治理动力，也蕴含升级能动效应，是升级终极导向。第三篇为企业升级租金绩效的动力机制与构建策略。本书基于GVN价值治理与升级的协同机制，引入具备"价值增质"属性的新升级观，以租金绩效衡量企业质量升级的绩效，提出企业升级租金绩效的新命题。本书的关注点是企业持续竞争优势性租金绩效的内在升级动力。梳理文献时发现，一些企业虽然未从全球价值链网中获得资源，但是其升级的能力和速度却出人意料，企业自身内部要素对升级的影响并未被给予广泛关注和系统而详细的分析与讨论，而这又是一个值得深究的问题。以Bell和Albu、Teece和Pisano为代表的学者从关注企业核心能力和动态能力角度展开了研究，这也引发本书进一步思考企业升级租金绩效的研究命题。在此基础上，以资源位为视角，研析资源位理论拓展框架与租金绩效的逻辑关系及升级机理，识别内在动力要素与动力路径，建立机制模型，科学地采用新方法进行实证检验和应用策略构建。为我国企业培育"价值增质"的升级能力和实现升级租金绩效提供决策支持和政策建议，更好地匹配经济向高质量发展的新时代需求。

　　本书在整个研究过程中试图回应和解决一直困扰理论界和企业实践中的难题：企业升级到底缺乏哪些要素？企业内部哪些要素对"质量"升级起作用？本书基于中国制造业上市公司十多年升级数据的广谱性解释机制，从竞争优势的战略资源观、能力观、升级观着重揭示企业"价值增质"式升级的内源性动力、租金绩效的动力路径，向整个制造业以及不同行业的制造企业明晰"价值增质"的升级内涵、培育升级势能、攫取升级租金绩效提供理论借鉴。同时，本书的研究结果揭示了资源位是长期竞争优势的升级动力源泉。处于高资源位水平的企业是产业内、行业内的优秀企业，其竞争优势对培育一流企业、发展先进制造集群有重要的启示。

　　本书在写作过程中参阅了大量的国内外文献，也得到了多位专家的指导，还得到了相关地方政府课题的资助，在此表示衷心感谢。由于笔者水平有限，书中难免有不当之处，恳请各位专家学者批评指正。

目录 CONTENTS

第三篇
企业升级租金绩效的动力机制与构建策略

绪　论

一、研究背景

近些年，在高端制造加速向发达国家回流、低端制造跨国漂移的全球价值链重构背景下，中国企业面临着竞合博弈的升级拐点。然而在企业实践中，全球价值链高端化进程中所遭遇的价值陷阱迫使企业不得不重新审视升级理论。目前全球价值链理论对升级的定义是"从低附加值状态向高附加值状态的动态演变过程"。中国经济高速发展阶段，在一定程度上强调"价值增量"的升级使部分企业身陷"向下竞争"（Race to the Bottom）的"伪升级"困境，失去参与新一轮全球价值链重构的价值权力争夺资格。中国经济已转向高质量发展的现阶段，向"价值增质"的升级转型是企业"向上竞争"（Race to the Top）的高端升级道路。在战略管理研究领域，竞争优势与租金密切地联系在一起，"租金"作为理解价值权力的关键概念，在全球价值链理论中被描述为具备竞争优势的利润来源（Porter，1985；Teece et al.，1997；刘林青等，2008）。可见，价值增质的能力是企业升级能力的本质内涵，实现的价值增质绩效即升级租金绩效。因此，企业升级租金绩效研究更加关注中国制造业企业如何实现高端升级、赢得 GVC 新格局演化中的价值权力、促进并加快实现高质量利润，以实现制造强国目标的战略性和紧迫性命题。

本书的理论意义体现在三个方面：

第一，战略上明晰企业升级的"价值增质"本质内涵，理论上融合 GVC 价值治理和企业升级理论。本书在当前中国经济从高速度增长转向高质量发展的背景下，从租金角度界定企业的"质量"升级，提出企业升级租金绩效的研究新命题，即价值增质的能力是企业的升级能力，涉及租金创造（Romero & Tejada，2011），实现的价值增质绩效即升级租金绩效，这为突破"伪升级"困境、实现企业"质量"升级问题的研究提供一个全新的解释路径。

第二，本书拓展了以往文献局限于资源位存量视角下的企业租金绩效研究，形成基于资源位理论拓展的租金绩效研究新框架，对研究命题的空间解释力会更有效。具体体现在：①不再仅依据资源位理论的存量结构，即知识性高资源位的"专有性"和实物性低资源位的"专用性"进行租金分配研究，而是从动态视角拓展出资源位的流量结构，共同置于租金绩效的理论分析框架中；②本书不仅考虑"资源—租金"影响路径，还从长期竞争优势绩效的攫取视角关注"能力—资源—租金"和"能力—租金"的影响路径。本书是对资源位理论应用于租金绩效领域的丰富和拓展。

第三，本书基于资源位理论拓展的视角探讨企业升级租金绩效的动力机制，在深入剖析资源位存量动力、研发创新动力和市场营销动力升级功效的同时，还特别关注"政府补贴"，探讨其在动力路径中所发挥的调节作用。这些内在动力要素对实现企业升级租金绩效的作用不容忽视。本书考虑到这些因素，不但深化了对企业"质量"升级的研究，而且完善了构建的升级租金绩效的动力机制模型。此外，模型检验中不仅关注企业资源位对升级租金绩效的动力影响效应，以及政府补贴在路径中所发挥的重要调节作用，也考虑到企业资源位存量水平在动态时期内的差异性可能影响升级租金绩效的门槛效应。本书还研究了资源位理论拓展视角下企业升级租金绩效的内在动力机制全貌式，是企业"质量"升级研究领域的理论创新与实证支持。

本书的现实意义表现在两个方面：

第一，为政府推动企业质量升级，加快制造业迈向全球价值链中高端提供理论支持。党的十九大报告提出，"我国经济已由高速度增长阶段转向高质量发展阶段，正处在转变发展方式、优化经济结构、转换增长动力的攻关期"，中央经济工作会议指出，需要"推动动力变革"，并"大力培育新动能，强化科技创新"，这对于推进我国由制造大国向制造强国转变具有重要的现实意义。本书重点关注中国制造业企业的升级"质量"绩效问题，分析并拓展资源位理论，探讨企业升级租金绩效的动力要素和路径，通过制造业企业资源位存量差异性的实证检验，为政府相关部门根据地区、行业等空间差异，采取政策调整和政府调控，引导和促进企业"质量"升级的动力培育，提升产业迈向全球价值链中高端的创新力和竞争力提供理论支持。

第二，对企业实现升级租金绩效具有战略指导意义。提高我国制造业的国际竞争力与租金收益份额，是实现我国由制造大国向制造强国的根本性转型升级过程中必须解决的重大课题（胡北平，2012）。中国制造业企业不仅要加快向全球价值链中高端升级，更要实现升级"质量"绩效。本书从租金角度出发，利用相关理论来解释和实证分析中国制造业企业"价值增质"的升级绩效，在战略立场上为企业升级明晰价值权力的主张，在战略绩效上为企业升级攫取租金价值提供构建升级动力的理论依据和路径指引，从而帮助企业在全球价值链动态重构的博弈拐点上重视内在动力体系的构建并采取有效措施，从提升资源存量和流量能力动态推进、蓄势突破，从价值链上游升级和下游升级空间推进、两端发力，充分融合政府、企业和市场的力量加速推进，以实现企业攫取质量升级过程中的租金绩效。

二、关键研究问题

在已有文献中，关于企业升级租金绩效的研究较少有可供直接借鉴的成熟完善的理论体系，也缺乏完整和有针对性的分析框架，但是围绕企业升级对升级能力、升级绩效、升级路径、租金分配、价值权力的相关研究却散布于 GVC 升级理论、GVC 价值治理理论和企业战略管理理论等文献中。如何更好地理解和实现企业升级租金绩效，本书需要进一步探讨并厘清几个关键问题：

第一，目前主流理论对"升级"的理解存在价值立场的局限性。主流 GVC 理论具备 GVC 治理理论与升级理论两大构件（俞荣建、文凯，2011）。近些年，嵌入企业的 GVC 分工劣势与价值权力销蚀引发国内外将学术关注点聚焦于企业升级与价值治理。然而，企业升级与价值治理的研究大多是割裂式的，这种对价值攫取的战略忽视导致了"伪升级"悖论（Kaplinsky et al.，2008）。事实上，企业升级绩效意味着具有竞争优势的高附加值的增加。"升级"与"价值"不可避免地密切联系在一起，而代表"质量"价值的"租金"概念也逐渐出现在关注本土企业升级研究的相关文献中（龚三乐，2007；刘林青等，2008；张珉、卓越，2010；胡北平，2012；温思雅，2015；马海燕、熊英，2016；毛蕴诗、刘富先，2016）。战略学者将绩效定义为竞争优势，并指出其与租金密切相关（Porter，1985；Teece et al.，1997；Gulati et al.，2000）。基于此，从租金的角度来界定升级，以租金绩效作为衡量本土企业升级绩效的新升级观，渐渐成为理论共识（Romero & Tejada，2011；俞荣建等，2011、2016；项丽瑶等，2014；马海燕、熊英，2016）。

本书要解决的第一个研究问题是：理论上需要融合 GVC 价值治理与升级理论，从租金角度界定企业升级的"质量"绩效，即"升级租金绩效"，基于

"租金—升级"协同范式探讨升级租金绩效的内在理论体系。

第二，现有租金绩效和租金分配的研究侧重参与全球价值链或网络组织的企业，按照其各自所拥有或控制资源的静态特征进行租金分配的相关性分析，忽视了"租金分配本身就是一个动态的过程"（Coff，2010）。具体来看：

其一，现有研究认为，企业的租金分配份额即租金绩效最终取决于各自的资源位差异，依据资源位理论（Resource-Niche Theory），高资源位企业的知识性软资源较多，即"专有性"高，低资源位企业的财产性硬资源较多，即"专用性"高，而"专有性"越强，租金谈判力越强，相应地表现为高资源位企业获取的租金分配份额越多（Miller & Shamsie，1996；昝廷全，2000，2001；杨瑞龙、杨其静，2001；孙凤娥等，2013，2015）。这是资源位存量静态视角下的租金绩效分析。但是资源位具有动态性、资源流量（Flow）会改变资源存量（Stock）（刘建国、佘元冠，2007）。结合上述第一个研究问题，应考虑将有助于提升资源位存量"专有性"的"流量能力"纳入资源位理论拓展的分析框架中，即资源位＝｛资源位存量，资源位流量｝，资源位的租金绩效影响路径从"资源—租金"拓展出"能力—资源—租金"，其中这种"流量能力"是具有战略竞争优势的企业升级能力。

其二，Lavie（2006）和 Dyer 等（2008）提出了私有租金和共有租金概念，以及关系租金、网络租金的事前分配和事后分配原则，但本质上仍局限于围绕基于异质性资源存量创造的李嘉图租金展开分析的。实际上，企业创造租金的过程也是动态的（徐刘芬、纪晓东，2008；宗文等，2017）。企业层面的租金不仅包括独特性资源产生的李嘉图租金，还应包括源于动态能力的熊彼特租金和基于市场竞争形成市场势力所产生的垄断租金（Teece et al.，1997，2007），即 F(租金绩效)＝F(李嘉图租金、熊彼特租金、市场垄断租金)，资源位的租金绩效影响路径再进一步拓展出"能力—租金"。因此，租金创造和租金分配的动态性决定了资源位理论需要相应地动态拓展，以更好地解释本土企业的租金绩效问题。

本书要解决的第二个研究问题是：从资源位"存量"结构拓展出"流量"结构，从单维的租金绩效影响路径拓展出多维的影响路径，构建基于资源位理论拓展的租金绩效分析框架。

第三，当前，我国制造业企业要实现全球价值链的中高端升级以获取租金绩效，关键在于企业自身应具备充足、完备的升级动力。然而，目前国内外文献关于企业升级的动力与绩效的研究相对较少，相关研究内容主要集中于技术创新能力或某个要素，缺乏驱动企业升级并获取租金绩效的动力机制全貌式研究（龚三乐，2007；孔伟杰，2012；程虹等，2016）。因此，需要整合相关文献并结合上述第一、第二个研究问题，基于"租金—升级"协同范式，从资源位理论拓展的视角探讨兼具租金攫取和 GVC 升级功效的升级动力：一是高资源位能力驱动企业转向高质量升级并攫取李嘉图租金；二是研发创新能力驱动企业向 GVC 上游升级并攫取熊彼特租金；三是市场营销势力驱动企业向 GVC 下游升级并攫取市场垄断租金。新工业革命背景下在推动中国制造业迈向全球价值链中高端的关键时刻，"政府之手"在加快构建企业自身升级动力并实现升级租金绩效的过程中所发挥的调节作用不容忽视，应考虑引入作为政府支持主要形式的"政府补贴"，检验其在激励研发创新及其绩效影响路径中的调节效应。由此，本书尝试从微观角度构建企业"多维"动力要素和动力路径的全貌式理论机制模型。

本书要解决的第三个研究问题是：基于资源位理论拓展的研究视角构建企业升级租金绩效的动力机制模型。实证检验：模型的广谱性解释机制，得出制造业企业获取"质量"升级绩效的动力要素及路径；资源位存量水平的差异性对企业升级租金绩效的动力影响机制及其提升路径。

三、研究目标

在新一轮全球价值链升级的竞合博弈进程中，比较优势正逐渐被竞争优势红利所替代，面临深层次困境和挑战的企业普遍意识到应从"价值增量"转向"价值增质"的升级。而如何形成持续性竞争优势的"价值增质"，实质涉及租金攫取力。本书具体研究目标包括以下几个方面：

第一，超越传统的企业升级与价值治理割裂的研究维度，从租金角度研析租金价值创造和租金价值分配、升级能力和升级绩效，揭示 GVN 价值治理与升级的协同机理。依据"租金—升级"协同治理新范式，界定企业升级研究命题和企业升级租金绩效的概念内涵。

第二，根据企业升级从注重"价值增量"向"价值增质"的转变趋势，从资源位的角度研析企业升级租金绩效的问题。搭建"资源位—租金绩效"研究框架，探讨资源位视角下影响企业升级租金绩效的动力要素的选择依据，并明晰其动力路径。

第三，构建企业升级租金绩效的动力要素及其相互作用机理的理论模型。

第四，实证检验并论证动力机制模型对我国制造业企业获取"价值增质"绩效的广谱适用性、不同资源位水平对攫取升级租金绩效的门槛效应，为制造业企业甄别和培育自身质量升级的动力以及政府进行地区和行业调控及政策调节提供理论支持。

四、研究方法

（一）文献法

本书系统研析与梳理了大量 GVC 升级理论、GVC 价值治理理论、企业战略管理理论和本土企业升级等大量文献资料。从中国企业在全球价值链网上发展现状出发，选取价值权力中的租金视角切入，从战略优势的角度深入剖析、界定企业升级租金绩效的内涵属性与内在理论体系，准确把握内在动力机制。

（二）逻辑推理分析

本书在已有大量文献系统深入研究的基础上，理论逻辑推理分析和数理逻辑推理分析相结合，溯本求源，论证研判，形成了一些重要的观点与策略。

通过理论逻辑推理分析全球价值联网背景下的中国企业升级悖论和升级实质（即价值增质）、升级目标（即攫取升级租金绩效）和内在求源（动力要素及内在作用路径），形成了重要的理论机制，如 GVN 价值治理与升级的协同机制、企业升级租金绩效的动力机制等。通过数理逻辑推理分析网络二元关系视角下，本土企业与核心旗舰厂商的价值博弈可行性策略。为后期进一步分析网络多层次厂商的多边价值博弈关系和策略构建提供可行性依据。

（三）实证分析

由于具有持续竞争优势的企业升级绩效具有一定的时间效应，企业内在资源位存在差异，本书采用面板固定效应模型对中国制造业企业的升级动力要素及其路径进行了实证研究。同时，采用面板门槛效应模型检验了中国制造业企业的内在资源存量存在显著的门槛效应，并在省域层面上解读高资源位的区域动力影响，具有一定的理论启示和现实意义。

(四) 专家咨询

为提高研究质量，本书积极通过专家咨询以提高研究方案、理论建构、实证检验各个环节的信度，同时也采纳了许多好的建议。例如，中国社会科学院数量经济与技术经济研究所研究员李海舰建议首先研析全球价值网络与中国企业发展，深刻理解理论与企业实践的现实问题，并建议本书从租金视角切入研究；南京师范大学原商学院院长李晏墅建议从战略竞争优势角度着重企业升级内在的动力机制构建，如重视市场营销能力的动力影响等；南京大学长江产业经济研究院研究员张月友对宏观经济学和发展新格局的解读给予了研究背景和策略构建的启发性建议；南京审计大学教授徐礼伯对实证方法提出了一些修正意见。本书在此对专家们的帮助一并表示感谢。

五、研究思路与结构安排

(一) 研究思路

本书整体研究思路主要包括三个需要解决的关键点。首先，寻找研究切入点。通过梳理竞争优势、企业升级动力、资源位、租金分配、价值治理等方面文献，提出已有研究成果尚待进一步拓展研究的空间。其次，选择研究所需的理论基础。在研究切入点的指引下，本书以资源位理论、租金理论和企业升级理论为基础，为企业升级租金绩效的动力机制与构建策略研究提供理论支撑与研究视角。最后，界定相关核心概念。围绕"租金—升级"理念清晰界定本书所要探讨的关键概念以防止理解偏差。

本书在三个篇章中的研究思路具体体现：

第一篇为全球价值网络与中国企业发展研析。随着国际分工日趋细化，企业广泛地参与全球生产网络分工体系，成为节点企业。在企业升级研究中，不可避免地要涉及企业升级问题的背景，因此，需要细致分析并界定全球价值链和全球价值网络，清晰各价值环节。科学评判全球价值网络与中国企业发展现状，深刻解析 GVC 和 GVN 上的两个"低端锁定"与升级现状。

第二篇为 GVN 价值治理与升级的协同机制。基于目前国内外相关研究，以租金攫取视角研析价值治理与升级的协同机制。企业结网目的是获取租金，租金创造与租金分配是价值治理的两大核心构件。本书分析网络组织的租金创造和租金分配，建立"租金—升级"协同演化治理范式。本书基于 GVN 价值治理与企业升级的协同演化机理，探索构建网络二元关系角度的价值博弈模型，分析企业租金价值攫取力构建策略。

第三篇为企业升级租金绩效的动力机制与构建策略。本书是聚焦企业内研究，关注企业升级租金绩效，研析其内在动力机制。基于拓展资源位理论这一新视角，本书探讨企业升级租金绩效的内在动力要素及作用路径，形成机理研究框架，最后采用科学方法实证检验和应用分析，从获取价值权力的创新性角度提出中国企业升级的内在动力机制构建策略。有助于企业识别和培育内部动力要素，这是企业参与全球价值链网竞争的核心竞争力所在，也是推动企业"质量"升级并获取长期竞争优势的策略。

（二）结构安排

根据研究目标和研究思路，对应三方面研究内容，本书的结构安排如下：除了本书导论外，共三篇，每篇对应一个方面研究内容。第一篇为全球价值网络与中国企业发展研析，由两章组成；第二篇为 GVN 价值治理与升级的协同机制，由三章组成；第三篇为企业升级租金绩效的动力机制与构建策略，由四章组成。

六、创新之处

（一）综合新视角的机理研究与实证检验

目前，关于企业升级这一问题，现有管理理论和企业实践之间存在脱节。国际国内经济形势面临下行压力，不断挤压着本土企业的升级空间。在新一轮全球价值链升级的竞合博弈进程中，面临深层次困境和挑战的企业普遍意识到应从"价值增量"转向"价值增质"的升级。实现"价值增质"的绩效是企业升级的最终导向。有学者认为竞争优势与绩效密切相关，但如何形成持续性竞争优势的企业升级绩效？事实上，本土企业 GVN 绩效迥异的背后，战略视角意义重大，"租金"是解决这一问题的关键概念。

一是从网络租金攫取视角研析 GVN 价值治理与升级的协同演化机理，从租金角度界定企业升级新命题。企业结网参与价值网络分工的目的是获取网络租金，租金创造和租金分配是价值治理的双核心构件。企业"质量升级"的实质涉及租金攫取力，从租金角度界定企业升级新命题，企业升级具备租金创造和租金分配的双重属性，分别体现在升级能力和升级绩效两个核心要件上，即具有租金攫取属性的升级能力和升级绩效，具有租金价值治理的协同效应。因此，本书基于租金攫取视角协同价值治理与升级的双核心，即租金创造和租金分配。将"租金创造—升级能力—租金分配—升级绩效"置于同一系统内，建立"租金—升级"协同演化范式，揭示 GVN 价值治理与企业升级的协同演化机理，能够为企业获取价值权力提供理论机理上的依据。同时，辅以实证研究，运用数理逻辑推理，构建本土企业与核心厂商所构成的生产网络二元关系视角下的价值博弈关系模型，以测度企业租金价值攫取力构建策略的可行性。有助于企业识别自身资源能力因素，培育具有租金攫取特性的升级能力。

二是新的研究视角对企业升级租金绩效进行了独特的解释，从资源位视角研析企业升级租金绩效内在动力机制。本书关注微观层面的企业升级问题，学者认为升级过程的实质就是企业网络关系的持续动态演化过程，应以网络内部各节点为研究焦点。本书根据企业升级从"价值增量"转向"价值增质"的战略转变趋势，提出企业升级租金绩效的研究新命题。从"租金—升级"的协同治理范式探讨升级租金绩效的内涵属性及其内部实现机制和发生机制，不但深化了升级租金绩效的内在理论体系，也为解释升级租金绩效问题提供了一个明晰的路径。

同时，在理论和实践推进过程中，有学者意识到，全面分析并讨论企业内部要素对升级影响的研究较少，以 Teece 和 Pisano 为代表的学者从关注企业核心能力和动态能力角度展开研究，揭开了从剖析企业内部要素对自身升级影响的序幕（张辉，2004）。这又引发了另一个值得深究的问题，企业升级到底有哪些内部要素、起着怎样的作用（李生校等，2009）。本书以体现租金力量的内在结构性变量即企业资源位为研究视角，形成企业升级租金绩效的内在动力要素相互作用的机理框架。首先，资源位理论从企业内部竞争优势的角度解释了租金绩效的差异，本书尝试对该理论进行创新性的拓展和丰富，形成动态攫取租金绩效的理论框架；其次，"租金—升级"的协同治理范式下，从资源位理论拓展的研究视角相应地探讨升级租金绩效的动力要素与路径。本书把专用性资源和专有性资源、研发创新能力和市场营销能力，以及作为调节变量的政府补贴纳入统一的分析框架。本书不仅关注资源位存量要素对企业升级租金绩效的影响作用（静态的），而且还考虑到资源位流量能力在时间和空间上的动力作用（动态的），还特别关注新工业革命背景下政府补贴的支持行为在研发创新能力及其绩效影响路径中的调节作用，形成"多维"动力要素和动力路径的全貌式理论机制模型。在实证研究上，本书检验资源位的存量和流量的拓展结构，及其对租金绩效的逻辑关系和升级机理有效性，验证并明晰企业升级租金绩效的内在动力要素及路径，为推进企业"质量"升级、获取价值权力，提供理论依据。

（二）系统深入性的逻辑推理分析

本书综合新视角进行系统深入性逻辑推理分析，主要体现在下述两个方面：

一是理论机理方面的逻辑推理分析，具体体现在切入视角选取和研究思路构建上。切入视角是从企业实践问题出发，到主流理论指导下的"伪升级"悖论，再到寻求突破"低端锁定"的战略性审视，又到破解窘境的机理性可行性分析，最终将"租金"这一切入视角关联起企业升级。整体研究思路首先系统深入地对企业升级问题逻辑求源，科学研析为什么从租金视角研究企业升级问题；其次协同"租金—升级"揭示了内在机理，明确了只有实现租金攫取才是升级的终极导向，什么是升级租金绩效；再次聚焦于企业升级绩效的动力要素有哪些，作用路径机理和检验是怎样的；最后回到企业升级问题的破解上，以获取价值权力、实现本土企业"质量"升级。"Why—What—How"的研究思路更科学和具有逻辑性。

二是实证研究方面的逻辑推理分析，具体体现在数理推论过程和面板数据逻辑性检验过程。数理推论过程逻辑科学，第二篇在价值治理和升级的协同演化机理推理基础上，构建生产网络二元关系角度的价值博弈模型，数理推导出价值博弈的策略矩阵，探索性研究具备租金攫取属性的企业升级能力，为第三篇进一步聚焦企业升级租金绩效的动力要素和路径做好逻辑铺垫。一方面，由于样本来源涉及制造业各行业，要完整地验证动力要素的动态作用及作用路径，需要逻辑清晰地分步骤层层检验。另一方面，基于资源位视角研究企业升级租金绩效的动力与路径机制，依据资源位理论，研究样本具有一定的层次性，需要逻辑科学地进行层次划分，检验资源位的动态构建机理。

（三）中国企业升级动力机制构建策略

本书提出了重视价值权力的中国企业实现质量升级，其升级租金绩效的内部动力机制构建策略具有创新性。一是这种创新性的构建策略具体体现在效果导向上。租金攫取是本土企业质量升级的终极导向，升级租金绩效是升级绩效的战略效果，是本书的研究新命题。基于此前提展开的研究会对本土企业在价值博弈关系中制定获取价值权力的策略产生重要影响。二是这种创新性的构建策略具体体现在战略目标上及其如何识别和培育具有租金攫取属性的企业升级动力的策略构建研究。战略目标是价值链网中的节点企业，有助于企业强化自我审视和苦练内功，牢固根基，进行根植性升级。三是这种创新性的构建策略具体体现在有效性上。有效性取决于实证研究的科学设计和验证分析，并提出基于理论机理研究和实证分析的策略。具有"视角—理论机理—实证分析—结论"的系统连贯性和创新性策略构建特征。

（四）跨学科的视角

本书将社会学与经济学的宏观、中观以及管理学的微观视角相结合。微观企业是产业升级迈向价值链中高端的重要原子构件和实现基础，企业升级不仅局限于自身管理视角，还涉及社会学资源位理论、全球价值链和全球价值网络治理理论等。本书综合跨学科视角思考本土企业升级租金绩效的动力要素构建与提升策略，有助于解决企业从"价值增量"向"价值增质"升级过程中的自身动力不足问题。

七、研究不足与未来展望

（一）理论机理研究不够细致深入

本书聚焦于研究构建全球价值链、全球价值网络的本土企业升级的动力机制。需要较为庞大的知识体系和跨学科理论方法进行支撑，但由于自身知识水平的限制，跨学科理论方法未能融合，因而探讨的深入性也受到了一定的限制。部分学者赞成并展开了租金视角下的相关研究，但是现有的文献仍然不够充足，可参考的部分如同浩瀚夜空中的繁星点点，寻求、串联、协同应用于研究的工作量极大，导致本书的出版历时较长。全球价值链网在新工业革命中面临新一轮的重构，在这样的背景下，深感前述的理论机理和研究视角也需不断地演化，以保证研究的科学性和有效性，因此本书的理论研究更侧重面上的演化范式和机理的研析，不够细致深入。

本书是关于企业内的研究，因此在企业升级租金绩效的动力机制研究中，采用资源位视角构建分析。资源位理论提出的时间不长，目前应用该理论的学术研究文献不多（通过中国知网和谷歌学术搜索，截至 2018 年 1 月共有 18 篇期刊或硕士和博士学位论文使用了这个理论），由于"资源位"变量未被统一界定和测量，实证研究并不丰富，本书尝试拓展资源位理论，探讨企业升级租金绩效的动力要素和路径机理，建立模型进行实证检验。这一过程验证了一些假设，也得出了一些新的结论，但仍存在未被验证的要素作用路径。本书研究视角可能局限于企业内的资源和能力要素，仍然不够全面，事实上，企业升级过程本身就是复杂动态的，企业升级绩效的动力要素会更广泛，考虑到动力要素之间的相互作用和可能的外部影响要素会对内在动力要素和作用机制产生影响，未来的研究需要更扎实的理论沉淀和逻辑推论，为中国企业在新一轮的价值链网重构中重塑价值权力、实现"价值增质"式升级，提供更科学、有效的理论依据。

（二）实证研究仍需继续深入

在本书的实证分析部分，虽然给予了理论机理模型的有益辅证，但是在深度和广度上仍然不足，需要更深入的实证研究。其中，价值博弈是一个动态的、复杂的过程，本书只从本土企业与核心厂商所构成的生产网络二元关系视角构建价值博弈关系的模型，以梳理推论测度企业租金价值攫取力构建策略的可行性。实际上，企业参与网络分工创造租金价值和租金分配的过程会受到网络结构、网络关系、多元主体等因素的综合影响，价值博弈过程本质上更具动态演化特征，在未来研究中，可考虑运用 Matlab 等仿真软件，综合计量工具，提高测度和研判过程结果的准确性。在动力机制实证阶段，样本选取中国制造业行业上市公司，构建 2007~2019 年的面板数据进行实证分析。由于只针对性地对某一行业或产业的上市企业进行分析，具有一定的行业限制性，而各行业企业的具体升级情况不同，从全球价值链和全球价值网络的角度来看，企业所处市场层次具有差异化，其升级过程也具有一定的差异性，所以本书所进行的构建研究受众面较窄，无法代表各行业的本土企业，具有较大的局限性。尽管本书对企业升级动力要素及其作用路径进行实证分析，但其动力机制体系的构建依然存在一定的不完善。因为在企业的相关定量分析的过程中，存在市场调节变化、产业转型等不确定因素。

（三）缺乏对具体各行业企业的深入研究

本书系统地分析了嵌入全球价值链网的本土企业进行"价值增质"式升级

的租金绩效动力机制，这一机制是适用于整体产业的企业升级，本书在实证研究中采用制造业企业的数据，相应的研究结论是否在其他行业的企业具有普遍性值得深入研究和验证，因此，提出的构建策略在未来研究中值得逐步深入拓展。

第一篇

全球价值网络与中国企业发展研析

全球化新趋势下，全球治理、全球价值链、区域合作、产业合作以及地缘政治都发生了重大变化，党的十九大以来，中国坚持对外开放的基本国策，遵循共商共建共享原则，积极促进"一带一路"国际合作，增添共同发展新动力，推动世界经济发展。企业是一个国家参与全球价值链、全球价值网络分工与竞争的行为主体，一国的国际贸易分工地位终究是依靠企业而得以实现的，中国现在虽然已有不少大型的跨国公司，但总体而言，中国企业的管理能力、研发能力、对于海外投资的决策能力，以及整合各项资源的能力，距离世界一流企业还有较大的差距（张兴祥等，2020）。嵌入全球化经济链网中的节点企业，亟待在新发展格局下重新审视战略性竞争优势、培育升级动能，更好地参与国际国内市场竞争，共同推进全球价值网络与中国企业发展。

第一章　从全球价值链到全球价值网络

　　经济全球化是当今世界的基本特征。托马斯·弗里德曼（Thomas L. Friedman）在《世界是平的》一书中揭示了全球化背景下产业活动跨越国界、市场趋于一体的活跃状态（徐康宁、陈健，2007）。"经济全球化的实质是分工的全球化"。深度融入全球价值链、参与全球化分工的中国企业，近些年面临着价值链网的深刻重构，影响着中国企业在全球价值链网中的分工和地位的提升。

　　中国的当务之急是瞄准全球价值链的中高端，把握好全球价值链的定位成为新时代促进国家发展、提升中国国际分工地位的重要手段，相应地，加深对全球价值链与国际分工的相关认识是实践的第一步（张兴祥等，2020）。

　　要理解更深层次的构建问题，找准中国企业自身定位的前提，首先在于准确界定全球价值链和全球价值网络，而国际产业分工正是解读全球价值链条和价值网络的根本起点（宗文，2011）。

第一节　价值链条界定

一、国际产业分工细化与价值链条的形成

　　国际分工指世界上各国（地区）之间的劳动分工，它是社会生产力发展到一定阶段、超越国界、向国际化发展的结果。包括产业间分工、产业内分工以及产品内分工。

　　随着新型国际分工格局的形成，国际分工进一步细化，国际分工地位不论是在广度上还是在深度上都得到了进一步提高，产业的内涵边界也日趋深化，不仅将传统产业、行业、产品、部件类产品囊括其中，并统一细分至区段、环

节层面。过去产业就是产业（如第一产业、第二产业、第三产业）；现在行业成为产业（如机械产业），产品成为产业（如汽车产业），部件成为产业（如轮胎产业），而且进一步细分至一个区段成为一个产业（如研发、制造、营销、营运产业），甚至一个区段中的某个环节（如制造区段中的试制、一般部件制造、核心部件制造、组装环节）也成为一个产业（李海舰、聂辉华，2002）。国际分工合作的各国企业，由生产最终产品转变为依据各自的要素禀赋，只完成最终产品形成过程中某个环节的工作。最终产品的形成是一个完整的全球产业链条，依附于这一产业链条的每项活动本质上就是价值创造过程，并按照"链"的特征前后有序承接，形成了"价值链条"，更准确地说，是一种全球价值链条。垂直一体化企业的完整价值链条被分工无情地打破了，如今的价值链条是全球价值链条，而价值链条的本质没有改变，即是由一系列创造价值的活动所组成的一个有机系统。价值链条不仅被视为是价值从上游到下游单向依次递增的过程，而且链内的各环节之间也是一种双向互动的关系。由此，国际产业分工也从以前的产业间分工、产品间分工，逐渐演化为以产品内各生产工序、价值链各环节为对象的全球价值链分工（胡大立，2016）。可以说，全球价值链条提供了一个融合微观和宏观的双重视角来重新全面审视全球化下经济组织和发展的管理思想。Gereffi 和 Korzeniewicz（1994）在全球商品链的驱动力研究中，提出生产者驱动和购买者驱动两种 GVC 驱动模式。

二、价值链条上的企业类型

完整的价值链条具备四个区段：一是研发区段，二是制造区段，三是营销区段，四是营运区段。这也正对应于当今国际化企业的业务流程。研发区段包括研发、设计、创意、标准（即游戏规则）四个环节；制造区段包括试制、一般部件制造、核心部件制造、组装四个环节；营销区段包括品牌、渠道、物流、服务四个环节；营运区段包括链接、集成、配制、整合四个环节。其中，研发、营销和营运是思想程度和技术含量都比较高的区段，称为"脑袋产业"，制造区段技术含量较低，称为"躯体产业"。一方面，国际产业分工不断深化的结果使脑功能集聚，形成决策中心，控制产业链条高端，以知识创新与运用为特征的高附加值的"脑袋"与低附加值的"躯体"相分离。另一方面，脑体产业再分工（李海舰、聂辉华，2002），即"脑袋产业"再分离出做研发和营销的"小脑袋产业"与做营运整合的"大脑袋产业"，面对过度竞争和客户经济时代，现在越来越多的跨国公司只做"大脑袋"，不做"小脑袋"，只做营运整合，研发和营销全部外包；同时，"躯体产业"再分工，由于在"躯体产业"的不同段位，需要不同水平的生产技术，在不同地方又有不同的成本，从而形成试制、一般部件制造、核心部件制造、组装四个产业。

　　脑体产业分工使价值链条在全球经营，涌现出两类企业，一类称为"链主企业"，即只做营运管理整合的"大脑袋企业"①：只做"脑袋"，不做"躯体"，而且只做"大脑袋"，不做"小脑袋"。另一类称作"节点企业"。把整条价值链条上相互衔接的较独立运行的流程称为节点，如研发节点、制造节点等，"节点企业"则包括做研发或营销服务的"小脑袋企业"，以及从事制造的"躯体企业"。全球化时代，企业不再负责价值链条的全部，而是只专注于其中某个环节；企业不再追求价值链条的完美，而是使自己的价值链条朝"小""专""精"的方向发展（李海舰、聂辉华，2002）。

第二节　价值网络界定

一、从价值链条到价值网络的形成

　　1985 年，迈克尔·波特在《竞争优势》一书中首次提出价值链的概念，其后 30 年里，经济形势加剧了企业经营的外部环境不确定性，企业必须聚焦于自身核心能力。加之社会分工逐渐深化，企业间的关系更加复杂、相互依存度增强，使传统价值链的思想和理论研究得到了很大的发展。有学者提出企业在价值链之外仍存在外部延伸和交叉。有学者提出价值网络的理念，认为它是企业作为网络节点彼此相连组成的柔性组织，这都是传统"价值链"理论的延续（高瑞泽，2015）。

　　模块化背景下，价值模块成为构成价值链条的"基因"，价值链条则成为由一组价值模块按照某一界面规则构成的"基因组"。价值模块化的过程，就

---

　　①　所谓"大脑袋企业"，就是通常意义上的链主企业、网主企业，即所有的规则设计商和部分系统集成商。

是价值链条重构的过程，即将一体化的价值链条结构逐渐裂变成若干相对独立的价值节点，通过各价值节点的横向集中、整合以及功能的增强，形成多个相对独立运营的价值模块制造者以及若干模块规则设计者与集成者，从而对产业系统动态分化、整合，使价值链条顺序上的上下游关系转化为模块化空间立体网状关系。脑体产业分离和再分离，传统垂直一体化企业的价值链条"四分五裂"，并在全球范围内优化配置价值模块，拼接各个区段、各个环节，形成价值网络（宗文，2011）。

一方面要分离，把区段、环节四分五裂，分到极致；另一方面要整合，合到极致。这种先分后合、又分又合、下分上合的"独立联合体"（又简称"独联体"），称作"全球价值网络"（李海舰、郭树民，2008）。这是当今全球化企业中较好的一种组织形态，大量节点企业之间松散耦合、高度协作的组织网络系统与价值创造装置，具有自反应、自组织、开放性与无边界等系统特性，极具弹性、柔性和轻型化的发展。价值网络中的企业根据自身条件，有整合网络资源能力的则脱颖而出，成为系统集成商，暂不具备整合实力的可以成为模块供应商；而且价值网络"即插即用"，需要时可以将企业纳入其中，不需要时可以排除出网络，这种通过契约关系连接在一起的价值网络，相较于产权关系，运营成本要低得多。

二、价值网络中的企业类型

根据模块化理论，一个完整的价值网络或者成熟的产业组织系统有三类企业在其中，即 DIM 厂商（李海舰、魏恒，2007）。网络最高层次是规则设计商（Designer），是拥有最终产品制造的核心知识，为模块体系提供了一个旨在既保证模块间的独立性又保证功能一体化的框架性规则（兼容性标准）的企业。第二层次是系统集成商（Integrator），位于规则设计商与模块供应商之间的位置，通过制定适当的任务结构与"界面规则"，确定模块的规模、功能，在实现各功能模块链接的基础上完成网络价值流的虚拟整合，既承担了规则设计商的部分职能，又需要实现网络资源的实体整合。第三层次也是最基层的模块供应商（Module-maker），位于价值网络的最末端，是价值网络的基础单元，其拥有一定的基于资源、区位或规模的优势，在遵循系统设计商规则的前提下，独立完成模块功能，负责模块子系统的规则与内容设计、开发与完成等工作。

在模块化网络系统中，绝大多数企业只能做节点模块，作为节点模块的企业根据自己的能力和核心资源，融入价值网络，将某一产品或服务做深、做透、做强、做精（李海舰、聂辉华，2004）。只有那些具有较强协调能力和价值网络中核心能力要素的企业，才能脱颖而出成为网络核心企业。

第三节　价值链条和价值网络的区别与联系

基于价值链条和价值网络的界定，进一步比较得出两者的区别和联系，如表1-1和表1-2所示。

表1-1　价值链条与价值网络的区别比较

区别维度	价值链条	价值网络
静态视角	平面的链状结构，是线性思维模式，表现为横向的"一"字形特征	打破了价值链条平面的线性模式，构建立体的网状结构，是并行式思维模式，表现为纵向的"｜"字形特征
动态视角	价值链条的上游、中游、下游各环节中的价值增值活动具有时序性，即上游的增值环节结束后才进入下一步的增值过程	价值网络突破价值链条上各价值活动顺序分离的机械模式，更注重价值模块之间平行式的立体网状关系，实现了各个增值环节的时间同步性，各个价值主体按照整体价值最优原则相互衔接、融合、动态互动，利益主体在关注自身价值的同时，更加关注价值网络上各节点的联系（李垣、刘益，2001）
前提与企业成长	以企业的存在为前提，企业成长空间有限	以企业的"消亡"为前提，企业成长空间无限（桑福德、泰勒，2008）

注：这里的"消亡"指的是企业边界的消失。价值网络不是市场本身，不是否定企业，回到市场，而是在更高阶段，回到一种既具有市场的扁平化特征，又具有企业的结构化特征的第三组织状态（姜奇平，2009）。

表 1-2　价值链条与价值网络的联系

本质相同	都是由一系列创造价值的活动所组成的一个有机系统，而且都是仿生商业系统
内部节点 与外部边界	各个节点之间的联系都由产权关系、行政关系转变为契约关系、市场关系，而且各个节点是自组织的；与此同时，价值链条与价值网络上的企业边界均变得不再清晰，呈现边界模糊化
相互交融	经济全球化背景下，价值网络是由多条相互作用的价值链条整合而成的系统。世界经济体系好比"串串珍珠"，将颗颗"珍珠"串起来的条条"金线"就是全球价值链条，节点珍珠又自成一个个价值网络节点，由此进行横向和纵向的价值链接和融合，从而在全球范围内构链织网，形成全球价值网络体系

第二章　全球价值网络与中国企业发展评析

经济全球化背景下，蕴藏其中的价值链条和价值网络通过串联、并联、互联成为全球经济的主脉和框架。企业不再是孤立的竞争体，不再是一个个原子型的企业（李海舰、郭树民，2008），而是通过无数价值链条的拆解与重构，广泛参与深入全球范围内的社会分工，融入全球价值网络体系之中成为节点，共同分享全球化所带来的巨大收益。如果一个国家产业或节点企业掌握了全球价值链分工的核心环节，那么它所获得的增值效益也是很高的。由此可以看出，企业产品的国际分工水平，实际上就是其在全球价值链网中的地位水平。但是，传统的国际分工形式限制中国企业在全球生产网络中的攀升，虽然中国制造参与全球价值链分工体系的程度较深，深入全球生产网络的趋势在不断上升，全球价值链地位指数呈现"右偏 V"形发展趋势，国际分工地位表现出向上游攀升的特征，但分工地位仍相对较低，行业间差异显著（黄光灿等，2019）。嵌入价值链、价值网络上的中国企业被迫处在获利低端位置，长期居于无核心能力或核心能力受到发展限制的经营地位，从而形成价值链条和价值网络上的两个低端锁定。

第一节　价值链条上的低端锁定

首先剖析价值链条上的利润增值环节，相对于脑体分工的国际梯度转移，价值链条各环节也呈现由高到低的梯度转移："大脑袋"（营运区段环节）——"小脑袋"（研发和营销区段环节，即上游以知识信息经济、知识产权为主导，包括研发创新机构等知识型企业；下游以品牌、综合服务等要素为主导，包括品牌企业、销售、物流、金融等高附加值的服务业）——"躯体"（制造区段环节）。

基于传统经济学的"稀缺性"原理，参与产品价值链上环节的国际分工合作诸方的利益分配多少，取决于各自拥有要素的相对稀缺程度（张小蒂、朱勤，2007）。Porter（1980）把生产要素分为初级与高级两类，企业要获得高层次的竞争优势，就必须凭借高级生产要素，而我国大多数产品仍是靠劳动力成本优势参与国际市场竞争的。

　　在全球价值链分工体系下，跨国公司为了最大限度地发挥其资金、技术、品牌优势，提高自身核心竞争力，同时为获得尽可能多的分工利益，往往专注于自己具有比较优势的设计、研发、营销、品牌运营、售后服务等高增值环节活动，而将不具有比较优势的加工、制造、组装等环节活动通过外包方式转移到发展中国家。发展中国家节点企业在全球价值链分工体系中一直处于从属或被"俘获"的状态，发达国家跨国领导型企业则主导全球价值链治理和全球附加价值的利益分割。发展中国家企业一般是从简单的组装加工开始对外嵌入，利润率极低，无法直接参与高端环节。我国凭借劳动力、土地和自然资源等要素成本优势，以及优惠的政策措施，成为全球最具吸引力的代工地，代工企业在家电、五金、纺织服装、皮革箱包、玩具、建筑陶瓷、计算机信息、汽车配件、集成电器、通信设备、运输设备等产业从事较低价值环节的加工、制造、组装等活动（胡大立，2016）。积极融入全球价值链的节点企业在从全球价值链低端环节进行攀升时会面临发达国家的纵向挤压，由于缺乏核心技术、自主品牌和营销渠道等竞争优势，价值锁定在低端环节，很难进行自身的升级。

　　按照现有理论，一方面我国企业在国际分工中唯有廉价劳动力要素可以参与，由于它相对不稀缺，"利益扭曲"难以避免；另一方面因缺乏核心技术和引进技术的"依赖效应"，很多企业不同程度地遭遇了国外技术壁垒，严重制约我国企业自主创新及国际竞争力的提升。可以说，这种基于"链"和"环"等层次上诸要素整合后的国际产业分工虽然也能使我国参与其中的企业获益，但由于发达国家的跨国公司通常在其中处于主导地位（拥有某种市场势力），会设计各种参数（包括技术标准、专利授权、质量、环保、交货、库存及价格等）来控制发展中国家以代工者身份参与其价值链条的本土企业的利润空间、技术赶超和价值攀升过程，进而迫使代工者被"俘获"或"锁定"于低附加值、低创新能力的微利化价值链条低端生产制造环节，长期、稳定地处于价值链条低价值分工节点上，形成价值链条上的"低端锁定"（卢福财，2007），这些不利于中国企业在全球生产网络中的成长与升级。

　　因此，要想改变在价值链条上的被动局面，必须进行价值链条升级，即由附加值较低的"躯体"环节向高附加值的"脑袋"环节延伸和攀升。

第二节　价值网络上的低端锁定

处于价值链条上低端制造区段的中国企业，一直致力于通过技术提升、市场开发拓展等实现价值链条上的高端升级，虽然一些企业已经努力上升至研发区段、营销区段和营运区段，却发现再次陷入"被俘"的尴尬境地。模块化背景下，越来越多的企业开始意识到，平面的价值链条已掩映在错综复杂、纵横交错的立体价值网络之中，中国企业仍然是处于各个区段价值网络最底层的模块供应商。

一些学者指出，跨国公司对中国企业进行价值网络上的低端锁定路径可以从两个方面来理解：一是为获取长期网络租金中的高额知识垄断租金，跨国公司无疑会要求中国企业长期支付专利、品牌使用等费用；二是面对中国企业不断成长的现状，跨国公司会寻找各种理由或机会，不断地通过核心能力或知识壁垒来提高中国企业参与全球价值分工与合作的成本（卢福财、胡平波，2008），并约束中国企业的知识创造与能力提升，迫使其长期居于价值网络的低端位置。本土企业被"低端锁定"的根源在于跨国公司通过模块细小化的策略引发一系列不利于本土企业发展的"连锁反应"，导致其技术难以形成突破性创新。

在长期的价值网络低端锁定状态下，中国企业与跨国公司的差距将越拉越大，这一残酷事实，迫使中国企业不得不考虑纵向的价值网络升级，从而增强国家竞争优势。

第三节　中国企业发展评析

经济全球化的发展使世界各国之间的联系日益紧密，而全球价值链、价值网络逐渐成为各国参与国际分工、融入世界市场的重要平台。但与此同时，全球价值链网联结的纵深发展也使各国企业之间的竞争日益激烈，对价值链高端主导权的竞争成为当前世界市场的主要竞争形式。发达国家或地区的旗舰厂商对全球价值链的强大控制力和国际分工的不平等局面不可避免地使一些国家，尤其是发展中国家的节点企业出现了全球价值链网遭"俘获"现象，被"锁定"在价值链低端，由于存在路径依赖风险，只能在生产贸易中获取较低的附加值，加剧了价值贫困化和竞争恶性化，最终阻碍了这些国家的产业升级（胡大立，2016；张兴祥等，2020）。

学者在研究中（张杰、郑文平，2017；胡大立等，2020）指出，发达国家会利用各种手段来控制和阻碍发展中国家本土企业提升创新能力，从而迫使发展中国家本土企业被"俘获"或"锁定"在全球价值链中创新能力较低、低附加值的生产组装环节，其中，"俘获"概念是由 Humphrey 和 Schmitz（2002）引入全球价值链治理研究中的。具体手段包括：①强化企业进行专用性投资。所谓专用性投资，是指在交易中被其他使用者用于其他可供选择的用途时，就不得不放弃其生产价值的投资。跨国公司作为全球价值链的治理者，会对作为供应商的中国代工企业提出各种有关产品设计、质量、安全、环保及规格等进入壁垒或者快速变化的产品升级换代要求，迫使本土企业持续大量地进行专用设备的投资，如大型的先进的生产设备和关键零部件，或人为缩短生产设备或关键零配件的技术"淘汰"周期。这既可限制发展中国家高创新密集度的装备制造业和先进制造业的发展空间，使利润回流，又迫使发展中国家的本土企业提升专用资产比例。一旦专用资产形成，所投资的设备就具有难以转换的属性，成为代工企业对跨国公司的"质押物"。一旦拥有专用设备的代工企业失去与特定采购商的合作关系，所投资的专用设备就得报废，因而会对代工企业造成巨大的经济损失（胡大立，2016）。通过持续压低发展中国家本土企业的产品出口价格，通过全球价值链的"纵向压榨"效应，来压榨发展中国家代工企业的利润空间，切断发展中国家代工企业通过利润积累来获得创新研发投入的通道（Schmitz，2004）。最终将发展中国家的本土企业控制在"代工依赖→微利化→自主创新能力缺失"的低端循环路径。②利用不同发展中国家之间或者发展中国家内部不同代工企业之间的可替代性，造成低价竞争和订单依赖。迫使本土企业微利竞争、囿于风险，放弃向全球价值链高端攀升的主动权，心甘情愿地将自己锁定在低附加值的生产环节。③对发展中国家实施严格的技术转移门槛甚至技术封锁。对于发展中国家的本土企业的技术购买或对发达国家高技术创新企业的并购行为，即便是按照纯商业规则来进行，均设置了额外的政治否决机制，阻挠发展中国家通过学习和吸收发达国家的技术创新来提升自身竞争力（Giuliani et al.，2005）。④强化知识产权保护制度、实施行业技术标准以及专利丛林策略。近年来，发达国家倾向于采用保护发达国家的跨国公司创新垄断势力和竞争优势的强知识产权保护体系、行业技术标准体系以及专利丛林策略，来削弱甚至阻止发展中国家本土企业的模仿性技术创新和学习能力的提升，抑制具有代工者和竞争者双重身份的发展中国家本土企业的自主创新能力。

当前，全球实体经济正处于转型升级并进行国际地位和全球化新型秩序重构的关键阶段，一个国家或地区如果能够抢占先机，那么就很有可能在新一轮的国际竞争中率先展现优势。发展中国家本土企业亟待向全球价值链网的高端升级。

已有学术研究和企业实践已经开始关注如何进行价值链条上的低端升级，虽然一些学者从不同视角和利用不同方法展开研究，并取得了一些成果，但是，由于价值网络升级的前沿性、动态性、复杂性，目前理论界较少涉及。在缺乏成熟理论指导的情况下，企业实践也很难展开有价值的探索。然而，对中国企业而言，价值网络上的低端锁定更是企业成长发展的"瓶颈"。因为决定企业成败的不再只是其自身的管理水平和创新能力，企业融入全球价值网络并占据有利位置的能力和速度变得越来越重要，一旦企业在全球价值网络中被低端锁定，不仅意味着较少的网络收益，同时意味着企业将无法从全球价值网络中获得自身成长所必需的动力和资源。对于参与全球价值链、价值网络的发展中国家本土企业而言，依靠传统的国际分工形式，粗放、全面地融入全球生产网络的做法已经不可为继。按照全球价值链"俘获"或"锁定"效应理论，发展中国家对全球价值链体系的深度依赖，可能会对其自主创新能力提升乃至经济可持续增长造成负面效应（Schmitz, 2004）。中国本土企业在参与全球价值链、价值网络分工中不可避免地也遭受了这种特定的"俘获"或"锁定"效应（张杰、郑文平，2017）。中国企业必须转变思路，在企业成长中应坚持价值链条、价值网络的两个升级融为一体、共同推进。从嵌入全球价值链的方式来看，许晖等（2014）认为通过价值链上游环节嵌入实现功能升级是本土企业向研发设计供应商转变的重要途径，同时，在原有价值链环节上实现深度嵌入和嵌入新的全球价值链是升级的另外两类重要方式。与后起的发展中国家比较而言，我国制造企业在生产加工与产业基础设施两方面具备较强的竞争实力，因此可以在原来的 OEM（Original Equipment Manufacturer）环节上进行深度嵌入，逐步实现工艺流程升级和产品升级。此外，制造企业还可以借助新技术的使用和新兴产业发展的契机，嵌入新的全球价值链的对应环节，实现产业整体升级（刘川，2015）。有研究指出，价值网络作为价值链条的立体网络层次结构，既遵循价值链条横向升级更注重拓展纵向立体升级，企业既可基于完整价值链条的四个区段，即研发区段、制造区段、营销区段和营运区段，在价值链条上探索横向升级，也可以在区段价值网络上探索纵向高层次升级，构建适合于被低端锁定在价值链条和价值网络上的中国企业发展的"十"字形成长模式（宗文，2011）。盲目地深入全球分工体系不利于制造业升级，中国制造业在向全球价值链高端节点转移的过程中，需转变垂直分工到水平分工的思路，构建以技术进步主导的"全产业链"发展模式进行水平合作，增加中国国内间接附加值率，打造制造业价值生态体系，如制造业企业可在多个价值环节与全球伙伴提升国际竞争力以锁定高端环节，对全链条进行核心把控，构建起从国内价值链到区际价值链，再对接到全球价值链的迂回系统路径（黄光灿等，2019）。

如何提升企业能力，促进转型升级，使其具有国际竞争能力，这就需要理论和实践对中国企业进行发展性引导，促使其尽快实现从低附加值向高附加值的转变。实践是理论的来源，理论是实践发展的指导，并服务于实践。实现网络价值创造、价值网络升级是一条根本途径。为了逐步实现本土企业的网络附加值增值、技术市场能力提升和国际化程度升级，网络节点企业需要认清形势，识别升级动力，根据不同的情景选择恰当的提升路径，以推进中国相关产业升级、实现国家经济战略目标（张慧敏，2018）。

第二篇

GVN价值治理与升级的协同机制

在企业实践中，嵌入全球价值网络中的大多数中国企业被广泛分配到低附加值、高资源消耗的低端利润环节，在高端化进程中普遍遭遇了升级陷阱。这已是一个不争的事实。因此，中国企业具有突破低端锁定的迫切需求。近年来，中国各地方政府也明确将"转型升级提质增效"作为工作主线，多次强调中国企业必须加强创新驱动，加快转型升级，提升在全球经济治理中的话语权。然而，在管理理论方面，由于主流全球价值网络理论主要关注跨国旗舰企业利益假设下的升级能力，忽略本土企业升级能力的价值分配问题，对本土企业的研究存在"本体错位"和"升级盲点"两大局限，即"伪升级"悖论。由此，管理理论和企业实践之间存在脱节。事实上，在本土企业 GVN 绩效迥异的背后，战略视角意义重大。"租金"是理解这一问题的关键概念。

在这一篇中，本书希望在 GVN 理论和本土企业升级能力之间建立关联，通过"租金"理解价值治理问题和 GVN 升级的关键概念，寻求破解"伪升级"悖论下提升本土企业升级能力的途径和方法。

第三章　有关价值理论的
国内外文献评析

　　发展中国家企业与发达国家领导企业在全球价值链网中的地位以及权利分布的不平等，导致了 GVN 治理的产生（文嫮、曾刚，2005）。国内外学者将有关网络租金价值治理与 GVN 升级的相关研究共同纳入广义网络治理的研究范畴，并且关注点越来越聚焦于基于联盟、合作的网络组织治理。

　　一方面，企业间结网合作提升了竞争优势并创造了租金，这一观点得到了越来越多的证据支持（Anand & Khanna，2000；Kale et al.，2002；Gulati et al.，2000）。构筑全球价值网络，同时获取比较优势和竞争优势（Palpaucer et al.，2005），日益成为发达国家跨国公司进行全球化寻源（Global Sourcing）的主要方式之一（Gereffi & Kaplinsky，2001）。全球价值链、全球价值网络的发展，加速推进本土企业"嵌入"（Granovetter，1985）网络并参与创造和获取网络租金，这种方式也成为本土企业寻求 GVN 升级的重要途径。因此，本土企业与跨国公司构成的"网络二元关系"视角是目前研究网络治理的主流方法。另一方面，主流 GVN 理论的研究，主要包括网络治理和 GVN 升级两大构件。

　　本土企业嵌入 GVN 的网络分工劣势与租金价值劣势引发了近些年国内外的学术关注点聚焦于 GVN 升级与 GVN 价值治理这两大要件。

第一节　国外相关研究

　　国外学者对 GVN 升级的研究，直接分析其形成、特点以及对升级的影响。Schmitz（2004）将全球价值链网大致划分为俘获型网络和均衡型网络。Humphrey 和 Schmitz（2000）从嵌入 GVN 能够获得升级能力提升的视角提出了四种升级模式。部分学者研究了嵌入学习对升级能力的影响（Schmitz & Knorriga，2001；Mesquita et al.，2008）。此外，GVN 升级问题的案例研究较为普遍（Bair & Gereffi，2003；Lewis & Dickson，2003；Gereffi et al.，2001，2005；Giuliani et al.，2005；Muradian & Pelupessy，2005；Nadvi et al.，2011；等等）。

国外学者近几年对 GVN 价值治理的研究重点主要是围绕"租金"展开探讨，并取得了研究新进展。战略学者将绩效定义为竞争优势，认为其与租金密切相关（Porter，1985；Teece et al.，1997；Gulati et al.，2000）。租金区别于一般盈利，是具有竞争优势的长期获利能力，全球价值网络理论将租金描述为企业的超额利润。学者用"饼"来隐喻租金创造的网络价值（Dyer et al.，2008），价值网络中的合作主体共同完成最终产品的生产，在国际市场竞争中获取销售盈余，形成网络租金。Lavie（2006）拓展资源基础观（Resource-based View，RBV），提出网络租金分为共有租金和私有租金，并进一步研究了租金来源和网络租金分配。Dyer 等（2008）用"饼"的分配比拟网络租金的价值分配，并试图揭开网络租金分配"黑箱"。

近年来，国外学者主张从战略层面关联 GVN 价值治理与升级问题。战略学者将绩效定义为竞争优势并与租金密切相关（Porter，1985；Teece et al.，1997），从租金的角度来界定升级，以租金攫取衡量升级绩效的新升级观的理论视角，渐渐成为理论共识（Isidoro & Pilar，2011）。拥有较强的租金分配权和讨价还价力量的节点企业，拥有的租金攫取能力较强，"饼"的份额较多，租金攫取绩效更优秀，更具备升级特质。

第二节　国内相关研究

虽滞后于国外，但国内学者也在相关领域取得研究新进展。一方面致力于全球价值链网治理与升级研究的国内学者近些年关注到 GVN "伪升级" 效应，并取得相关研究成果。刘志彪等（2005~2015）动态关注了全球价值链网治理的理论与实证研究，提出中国企业的嵌入升级路径，并主张构建国内价值链（NVC），向全球创新链（GIC）战略升级。俞荣建等（2010~2015）基于租金视角提出新升级观，主张代工企业构建"专有性"能力以摆脱关系

"专用性"投资带来的"伪升级"，提出 GVN 升级的共同演化机理，并根据浙江代工企业数据对齐升级能力的影响机制进行研究。刘林青等（2008，2015）构建全球价值链竞争优势背景下的租金、力量与绩效的机理框架，并基于价值网络升级案例研究平台生态圈的领导权获取模型。王树祥等（2014）通过研究价值提升方式与价值网络结构演变，比较本网升级和本位升级，倾向于企业构建自主型价值网络的结构升级路径。胡国恒（2013）在网络二元关系视角下围绕双边利益博弈提出本土企业 GVN 升级能力构建的有效路径和对策。

另一方面研究专注于网络租金的来源与分配。以罗珉、卢福财等学者为代表开启了网络租金形成机理及其价值创造的国内研究（罗珉，2006，2007，2011，2015；卢福财，2006，2008）。王琴（2009）基于 Lavie（2006）的研究，分析了网络参与者的租金来源及共有租金和私有租金的实现途径。刘雪梅（2012，2013）着重研究了联盟组合中的价值创造与治理机制。孙凤娥（2013）提出网络组织"资源位—谈判能力—租金分配"的研究逻辑，尝试揭开租金分配黑箱，在此基础上，孙凤娥等（2015）和杨娟等（2015）建立数理模型、运用仿真及实证分析，进一步研究了网络组织的租金分配和测量问题。

第三节　简要述评

总体来看，学者认识到主流 GVN 治理与升级理论是割裂的，缺乏 GVN 价值治理对本土企业升级能效的影响理论，实证研究较少，并且对本土企业升级能力的测度上，部分学者尝试构建租金分配的双边博弈议价模型，但未形成共识性的数理方法。

事实上，本土企业升级命运迥异的背后，战略视角意义重大。价值网络中的核心厂商本身就具备租金攫取特性，因此，新升级观既体现本土企业寻求升级的主动性价值主张，是价值治理动力，也同样蕴含升级能动效应，是升级终极导向。在网络竞合的新情境中，与各种商业生态主体围绕价值进行竞合博弈以实现渐进性的升级，正成为本土企业升级的趋势。

本书在以上研究的基础上，需要突破主流 GVN 价值治理与升级理论割裂的研究维度，从租金角度出发：①明晰价值治理的双核心，租金创造和租金分配；②协同升级能力和升级绩效，赋予升级新的内涵与新的理论研究视角，揭示"租金—升级"协同演化机理，为进一步明晰提升本土企业价值权力的升级能力提出理论依据。

第四章　网络组织的租金创造与租金分配

　　随着个体企业间的竞争日益演变为网络组织与网络组织的竞争，价值创造活动正逐步由个体企业的行为演变为网络成员的共同努力（Holm et al.，1999；Kothandaraman & Wilson，2001；Allee，2000；Normann & Ramirez，1993；Moore，1993，2006；Stabell & Fjeldstad，1998）。价值网络如何获取并保持竞争优势？很多学者认为，竞争优势是与经济租金结合在一起的（高瑞泽，2015）。企业在网络中贡献自己特定的资产、知识、能力等并进行交换和整合，能获得网络带来的一种大于单个企业收益之和的超额利润——网络租金（其网络租金的多少由其在网络中的位置和贡献所决定）（林健、李焕荣，2003）。参与价值网络建构并获取网络租金逐步成为企业成长的重要方式。网络节点企业如何依据自身的资源能力参与价值创造，又如何参与网络租金的价值分配？围绕租金创造和租金分配展开研究，既是网络组织价值治理的两个核心命题，也关系到企业如何创造价值和如何实现盈利的最终结网目的。

　　许多文献从提升竞争优势的视角探讨网络组织的价值创造方式（Grant，1991；Dyer & Singh，1998；Gulati，1999；Lavie，2006），但大多数观点聚焦于网络整体价值而非参与者个体利益（王琴，2011），而网络整体价值最终还原为参与者的节点价值创造，在具体研究中应从"网到点"视角关注内生性租金的动态价值创造。同时，企业战略思维应从个体转向其所处的价值网络，以"点到网"思维关注参与者与网络整体价值创造的关系，学者提出，参与合作分工的企业往往具有不同的资源、能力的特长，因此它们的努力至少是不能完全替代的，因此，"资源—能力观"能够更好地理解企业网络租金的价值创造机理（高瑞泽，2015；宗文等，2016）。

　　然而，企业结网收益并不均等，租金分配会影响网络组织的稳定性。近年来，相关学者开始试图揭开网络组织租金分配的"黑箱"（Jeffrey et al.，2008；孙凤娥等，2013，2015；杨娟等，2015），提出"资源位—谈判能力—租金分配"的逻辑，并进行了实证研究。本书认为，如何创造价值以及如何实现价值分配，是两种不完全相同但又密切相关的逻辑关系，厘清租金创造机理能够更好地理解网络租金的价值分配。

第一节　价值网络中的租金来源

网络的形成是企业自有资源与从其他企业所能获取的资源相匹配的结果（Ahuja，2000），形成的这种网络资源是网络租金和竞争优势的来源。资源观的支持者（Dyer & Singh，2008；Lavie，2006；王琴，2009）提出，网络参与者的租金来源为两个方面：一是企业私有资源产生的私有租金，二是结网企业间共有资源带来的共有租金的可占用部分。

（1）私有租金。私有租金是网络参与者的私有资源（非共享资源）产生的专属于本企业、不与伙伴企业分享的自有收益（Lavie，2006），但这会因网络效应产生增值和溢出部分，包括"内部准租金"和"溢出租金"。内部准租金涉及内部租金和准租，是不考虑企业结网其自有资源产生的"内部租金"与因结网产生的自有资源增值部分即"准租"的统称。私有租金还包括溢出租金，在网络组织内，溢出租金虽然产生于企业的自有资源，但是会在参与者之间不可规避地进行转移，形成"流入溢出租金"和"流出溢出租金"，即一家企业会因为结网合作关系流出自有的溢出租金，同时也会流入伙伴企业的自有溢出租金（Lavie，2006）。租金的转移并不能提高网络总租金，但却是参与者租金来源的一部分（王琴，2009）。

（2）共有租金。共有租金是网络成员通过资源的共享、交换、组合而获取的超额收益。共有租金来源于两方面构成：一是 Dyer 和 Singh（1998）提出的因网络合作产生的一种共同收益形式即"关系租金"，二是网络作为创新集散地（Locus of Innovation），网络组织中的企业能从网络的价值创造"域"（Area）中吸收的价值网络"系统租金"。其中关系租金关注的是企业间在一对一的对偶关系基础上获取的租金（刘林青等，2008），而当关注点转向群体间的部落关系（Tribal Relationship）时，自然产生出系统租金。

（3）网络租金。网络租金是网络参与者因结网而从合作中获得的总体收益，是共有收益与私有收益的加总（Jeffrey et al.，2008）。因此，可以这样描述网络参与者的租金来源：网络租金=内部准租金+溢出租金净值（∑流入溢出租金−∑流出溢出租金）+可占用的关系租金+可占用的系统租金。

Lavie（2006）构建了一个由两个参与者（焦点企业 A 和伙伴企业 B）联盟合作的简单网络，来解释焦点企业的租金来源，认为溢出租金的来源基础既包括共享资源也包括非共享资源。王琴（2009）提出，内部租金、溢出租金应该是网络参与者的私有资源（或非共享资源）的函数。本书认为，Lavie 提出的来源于共享资源的溢出租金部分可以归入共有租金中探讨，私有租金是企业自有资源产生的自有收益，包括内部准租金和溢出租金。在此基础上，本书构建三个参与者 A、B、C 构成的价值网络租金来源，如图 4-1 所示。

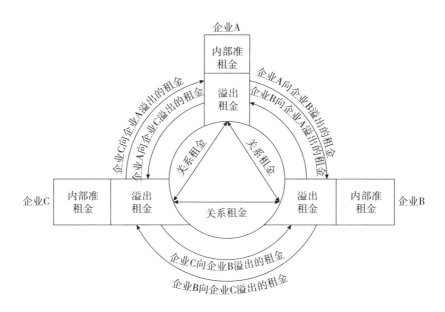

图 4-1　价值网络参与者的租金来源

注：参与者 A、B、C 既可以描述为价值网络中同一层次的节点企业，也可以用来描述处于不同层次的 DIM 厂商。

资料来源：根据 Lavie（2006）的观点改编绘制。

假定网络合作会产生关系租金为 π_r，其中企业 A 可占用的部分为 π_{ra}，企业 B 可占用的部分为 π_{rb}，企业 C 可占用的部分为 π_{rc}，则 $\pi_r=\pi_{ra}+\pi_{rb}+\pi_{rc}$。同样描述网络参与者可占用的系统租金为 π_s，则 $\pi_s=\pi_{sa}+\pi_{sb}+\pi_{sc}$。假定企业 A 的私有资源产生的内部准租金为 π_a，企业 A 向企业 B 的流出溢出租金为 $\pi_{a\to b}$，这也是企业 B 的流入溢出租金，企业 A 向企业 C 的流出溢出租金为 $\pi_{a\to c}$，这也是企业 C 的流入溢出租金。企业 B 的私有资源产生的内部准租金为 π_b，企业 B 向企业 A 的流出溢出租金为 $\pi_{b \to a}$（企业 A 的流入溢出租金），企业 B 向企业 C 的流出溢出租金为 $\pi_{b \to c}$（企业 C 的流入溢出租金）。企业 C 的私有资源产生的内部准租金为 π_c，企业 C 向企业 A 的流出溢出租金为 $\pi_{c \to a}$（企业 A 的流入溢出租金），企业 C 向企业 B 的流出溢出租金为 $\pi_{c \to b}$（企业 B 的流入溢出租金）。

假定企业 A 因结网而获取的网络租金为 π_A，企业 B 因结网而获取的网络租金为 π_B，企业 C 因结网而获取的网络租金为 π_C，则参与者的网络租金来源表示为：

$$\pi_A = \pi_a + (\pi_{b \to a} + \pi_{c \to a}) - (\pi_{a \to b} + \pi_{a \to c}) + \pi_{ra} + \pi_{sa} \tag{4-1}$$

$$\pi_B = \pi_b + (\pi_{a \to b} + \pi_{c \to b}) - (\pi_{b \to a} + \pi_{b \to c}) + \pi_{rb} + \pi_{sb} \tag{4-2}$$

$$\pi_C = \pi_a + (\pi_{a \to c} + \pi_{b \to c}) - (\pi_{c \to b} + \pi_{c \to a}) + \pi_{rc} + \pi_{sc} \tag{4-3}$$

整个网络组织创造的总租金为：

$$\pi_A + \pi_B + \pi_C = \pi_a + \pi_b + \pi_c + \pi_r + \pi_s \tag{4-4}$$

同理，上述网络可以扩展至由 $n (n = M_1, M_2, \cdots, I_1, I_2, \cdots, D)$ 个参与者构成的 DIM 厂商的价值网络[①]。网内单个参与者可以通过提高共有租金及其分配份额，或提高内部准租金和溢出租金净值来实现从网络合作中的获益。企业结网进行资源整合与互补，形成竞争优势并共同创造网络租金，如何从网络中获取尽可能多的租金收益才是企业网络化成长中最关键、最核心的问题（王寅等，2013）。

第二节　网络租金的价值创造途径

网络组织特有的资源与能力是网络租金形成的根源（卢福财，2006）。资源观强调异质性资源是企业租金价值创造的基础（Barney，1991），也是企业间结网的动机。而网络资源是租金价值创造的静态因素（Dyer & Singh，2008），从动态角度上看，价值创造还依赖企业配置资源的能力（Gran，1991）。因此，网络关系视角下的"资源—能力观"有助于更好地理解网络租金的价值创造

---

① 李海舰、魏恒（2007）提出，一个完整的价值网络体系一般包含三个层次厂商：规则设计商、系统集成商和模块供应商，即 DIM 厂商。

途径。

一、"网到点"视角下的价值创造

现有研究从网络整体视角（Conner，1991；Jap，1999；Gulati & Nohria，2000）到个体视角（Salnan & Saives，2005；Lee，2007；Dyer & Singh，2008）对网络资源和能力的分类为本书提供了借鉴。无论价值网络的研究范围如何扩张，企业的主体地位不变，企业层面的租金应该在整个价值网络的租金体系中处于核心位置，且是内生性的（刘林青等，2008）。因此，无论是网络参与者的内部准租金、溢出租金，还是可占用的关系租金和可占用的系统租金，本质上都属于内生性的租金（Lavie，2006）。这种内生性的企业层面租金源于资源和能力的价值创造，主要包括：凭借企业独特资源的"李嘉图租金"（Ricardian Rents）；依靠企业动态能力的"熊彼特租金"（Schumpeterian Rents）；基于垄断能力提升的"垄断租金"（Monopolistic Rents）（Teece et al.，1997）。

资源基础观认为，经济租金产生的资源挑选（Resource-Picking）机制促使企业培育异质化资本，重视自身资源的独特性、稀缺性、高价值和难以替代性，形成核心能力。在资源占优的市场挑选中，企业凭借异质性资源结网并基于这种高价值、稀缺性、难以模仿、难以替代的 VRIO 资源来获取市场溢价的"李嘉图租金"，基于 VRIO 资源的李嘉图租金是企业获取竞争优势的重要源泉（Barney，1996；罗珉、李亮宇，2015）。企业与其他合作伙伴基于各自异质性和互补性资源在网络组织中进行专有性资产投资，共同形成网络资源的过程也具有异质性和路径依赖性，独特的网络资源同样具有价值性、稀缺性、难以模仿性、难以替代性以及共享性（Gulati，1999）的特质，网络组织凭借 VRIO 网络资源获取竞争优势并创造网络租金。

企业获取李嘉图租金的 VRIO 资源会随时间而改变。网络参与者不可避免地会产生知识溢出，也会进行有目的的知识传递，这也是部分企业参网的动机。学习并吸收网络合作中的新知识、新信息基础上的创新能力会改变企业 VIRO 资源基础及其资源位（Resource-niche），为企业输送本质为动态能力的"熊彼特租金"，又称为"创新租金"。能力理论认为创新特别是创新的能力是企业利润的真正源泉（卢福财、胡平波，2006），不仅能够赢得相对于竞争对手的先发优势，而且能够在一个较长期的动态成长过程中获得优越的知识甄别能力、资源筛选能力、讨价还价能力等核心能力，从而培育企业独特的资源禀赋，为企业源源不断地输送李嘉图租金（Makadok, 2001）。但是，合作企业之间的机会主义行为（Kale et al., 2000）和较强的吸收能力会产生学习竞争和"特洛伊木马"（Hamel, 1991），这些都会导致意想不到的租金流失，不利于创造协同价值和网络组织的稳定。为避免被模仿而丧失租金来源，企业必然采用隔离机制对自身的异质资源进行有效保护（Rumelt, 1984）。适度的隔离机制在一定程度上保证异质性竞争，也会因此形成较高的壁垒，对网络创新产生阻碍。此外，对异质资源的防范溢出，会减少网络连接密度，降低对知识或信息传递的积极效果，有悖于强调网络密度的柯尔曼（Coleman）租金的价值创造，影响价值网络的稳定性。

关注价值创造的代表性观点认为，创新能力是企业价值创造的内生性动力，通过不断地创新能够为企业带来资源的持续价值力，然而，资源的真正价值最终取决于市场力量（罗珉、刘永俊，2009），企业培育的 VRIO 资源的核心能力以及创新能力都必须转化为基于市场势力（Market Power）的垄断租金才是企业的真正目标（刘林青等，2008）。企业通过系统资源整合、平台模式创新，或者专利技术、产品和工艺创新、营销创新等，只要在其标准集成创新下或者模块创新中，生产的产品（包括服务）能够获取高度的市场认可和独一无二的顾客价值偏好，尤其是在当今互联网商业模式中形成有效的社群隔离，企业就能凭借卓越的市场垄断能力攫取垄断租金。

二、"点到网"思维下的价值创造

企业战略思维从个体转向其所处的价值网络，以"点到网"思维关注节点企业与网络整体价值创造的关系。在"核心型"网络组织中，基于全球化寻源（Global Sourcing）的核心企业是网络结成的推动者，关注网络治理寻求网络稳定发展并激励网络成员进行最大化关系资产投资，从而提升网络整体竞争优势，创造更大化网络租金。因此，占据网络结构洞中心位置并扮演桥联其他网络的代理人角色的核心企业常常被隐喻为"网"的概念，同样，网络体系也具备"网"的概念特质。

一方面，节点企业可能拥有特定的资源、区位、规模、劳动力，甚至是核心技术和专利知识等具备有价值、稀缺性、不可模仿性和不可替代性等特质的资源和能力要素，但节点企业的这些优势往往需要与核心企业的技术标准、商誉、市场网络、社群关系等高位资源结合，通过网络体系优势才能发挥资源和能力要素的最大效用（王玲，2010）。另一方面，网络组织通过独特而又难以模仿的市场定位和体系优势，吸引大量节点企业的中位、低位资源向核心企业的高位资源集聚，这种对隐性资源和能力的归拢作用通常也是市场难以充分做到的（刘雪梅，2012）。凭借网络体系对优质资源的系统集成，网络组织能够产生单个企业优势资源难以达到的效果，并且具有竞争优势的网络体系相较于其他价值网络而言，能够攫取较多的竞争优势租金。可以说，网络体系是实现节点企业租金价值和网络整体超额利润的重要孵化器，而具有竞争优势的网络体系则涉及网络治理的相关概念。网络体系强调的"互惠、相互节制、信任"等概念（Nooteboom，2000）是企业间建立并改善网络中的特定关系，加强资源联合、交换和规则共享的共同意愿的基础（Burt，1998；Coleman，1990），能够激活关系治理所建立的"游戏规则"效果，使网络参与者之间的伙伴关系更加密切和融洽，从而增加网络组织的界面关系厚度，提升适应环境的网络柔韧性。网络参与者依靠关系专有性资产投资、知识共享惯例、资源互补性、有效治理这四种渠道联合创造共有租金价值（Khanna et al.，1998；Lavie，2006）。网络合作的关系渠道，汇集成知识和资源的共享域，促进知识和资源的融合和创新，实现价值创新（余东华、苗明杰，2008）。网络组织的这种共有资源不仅会对参与者共有租金的价值创造和分配产生直接影响，还可能改变参与者内部租金、溢出租金的流入流出效应，间接影响私有租金。

因此，网络租金的价值创造集中体现了网络参与者资源的互补效应、集束效应、共享效应，是内生性资源价值创造的帕累托边界外推。具有竞争优势的网络体系能够拓展网络参与者的租金边界，同时激励网络整体的价值创造远超过节点企业租金的简单加总，产生"1+1>2"的体系优势。可以说，网络体系决定了网络租金"馅饼"（Pie）的大小，租金"馅饼"越大，对网络参与者租金分配的激励就越强。网络价值治理的租金创造和租金分配也正是价值网络体系竞争优势的重要内容。共同参与创造网络租金价值的节点企业进行关系性资产投资的同时，谋求在租金分配中占据有利地位。然而，企业在资源和能力上存在的差异性，使企业从网络组织的知识共享域中学习并创新取得的租金具有差异性，而且企业在网络租金创造过程中的参与度和贡献度也具有非对称性。企业的资源和能力共同决定了在网络中的位置与力量，决定了租金分配中的谈判力量差异，最终使网络组织内部的价值分配具有非均衡性（余东华、芮明杰，2008）。

第三节　网络租金的价值分配

网络租金的价值创造以及价值分配是两种密切相关但并不完全相同的逻辑关系，网络租金的价值分配根植于网络关系治理。参与者从网络关系中所获取的总的租金是共有租金与私有租金之和，但不论是共有租金还是私有租金，实质上都是内生性租金，因而影响其租金分配的因素正是网络关系中产生共有收益和私有收益的决定要素。此外，网络组织作为一组异质资源的联盟集合体，资源依赖理论的核心观点能够有效解释共有租金在资源彼此依赖的各方之间进行的直接分配；企业从网络联盟关系中所获取的私有租金，虽然不参与直接分配，但是可以从相关资源视角、结构洞视角和资源开发视角共同进行解释（Dyer et al., 2008）。因此，总的租金在网络关系的合作伙伴间的分配，可以综合以上理论，从"资源"和"能力"要素角度予以全面解释。

一、共有租金的价值分配

价值网络的本质是一种契约关系，网络超额利润的分配实质上是双边或多边代理人在不同谈判结构下的讨价还价问题。网络合作产生的共有租金通过参与者之间的谈判进行直接分配，企业结网初期是否具有较强的事前讨价还价力量主要取决于网络组织对其依赖程度。基于资源依赖理论，如果网络组织对企业依赖程度较高，则企业的不合作行为将对网络组织构成较大的威胁，该企业的退网行为会使整个网络组织绩效受到很大影响（孙凤娥，2013），而依赖程度的高低源于"资源"和"能力"要素两个方面。

（一）资源贡献度

结网初期，企业凭借各自异质性、独特性和互补性资源在统一的规则标准下进行网络合作，这种资源通常是包括规则、标准、专利、技术、声誉等，有价值、稀缺性、难以模仿和难以替代的资源，是企业的"VRIO资源"（Barney，1991），在合作基础上形成的网络资源域，也正是网络组织的VRIO资源，具备价值创造功能。由于网络租金是需要多种企业资源协调配合，并非由一项独立资源产生或者多项资源的简单加总，而每项 VRIO 资源对网络组织来说都是不可或缺、不可替代的，任何一项 VRIO 资源的退出都可能导致网络组织的巨大损失，甚至无法运行（孙凤娥，2013）。因此，网络租金的分配首先是依据各项 VRIO 资源对网络组织的资源贡献进行价值衡量。由于无法通过计算得出每项 VRIO 资源对网络组织的边际贡献，网络参与者通常会进行事先谈判，谈判中的每一方都会判断合作伙伴所拥有的 VRIO 资源，这些资源对构成网络组织 VRIO 资源的关键程度，并且以此判断合作伙伴被取代的程度，以及伙伴如果被取代将会对共有租金的价值创造和价值分配所带来的影响。依据企业进行专有性投资中所贡献的 VRIO 资源的相对价值，对形成网络组织的 VRIO 资源越关键的企业，以及与该企业合作将会比与其他任何企业联盟创造更大的租金价值，该企业 VRIO 资源位相对越高，网络组织对其依赖程度越大，在未来对这些资源产生的租金分配谈判中企业的讨价还价力量越大。谈判各方就其所拥有的 VRIO 资源和这些资源对共有租金的贡献度进行判断并达成共识，签订事前租金分配契约。

企业 VRIO 资源对网络组织的贡献可分为高位资源贡献和低位资源贡献[①]两部分。高位资源贡献主要体现在对网络体系的规则标准设计和关系资源集成的影响上，例如，若网络组织中的某企业具有较强的市场影响力和较高的声誉，这类企业的入网行为不仅会大幅提升网络组织"身价"，还能够吸引更多的优质企业入网，形成优质的关系资源集成平台。若网络组织中的某企业创新规则标准体系，市场预测在此体系下能够开发引领消费者需求的导向产品并产生超额利润，则具备相关开发或创新能力的其他企业会努力创造适应该规则标准接口的中间产品，表现为网络资源逐渐向高位资源集聚的结构洞，处于网络组织结构洞中心位置的企业，通过统一标准界面平台迅速向市场投入创新产品，实现撇脂战略。低位资源贡献主要指对网络组织的技术、渠道、品牌等方面的影响，例如，若企业专利技术是实现最终产品的核心部件、核心功能，或是具备消费者对产品核心诉求的网络外部性，随着消费者使用数量的提升，网络正外部性越来越大，从而能够吸引更多的消费者购买，增加网络未来的总剩余，则拥有此项技术的企业对网络低位资源贡献较大。

总的来说，企业在网络组织的合作关系中占有较大租金份额的关键因素是

---

① 这里的高位资源贡献和低位资源贡献是源自企业 VRIO 资源位的划分，依据 VRIO 资源所蕴含的人类智慧含量程度的相对高低，是战略意义上的相对高低，并非贡献度的高低之分。

使伙伴相信自身拥有 VRIO 资源，且这种资源将会为网络组织的租金创造带来比与其他任何企业结盟更显著的价值效应。因此，企业为网络组织贡献越关键的（有价值、稀缺性、不可模仿、难以替代）资源，企业自身的 VRIO 资源位越高，将占据更高比例的网络租金（Pfeffer & Salancik，1978；Asanuma，1989；Coff，1999；Dyer et al.，2008）。

（二）资源风险度

在网络组织合作中，企业做出资源贡献的同时，也面临一定程度的投资风险。一般来说，企业的 VRIO 资源更多是以无形资产而体现的，相对于 VRIO 资源，另一部分企业资源体现为有形资产，如厂房建设、机器设备购置、土地租用等，这里称为网络组织的关系"专用性"资产投资。相对于企业 VRIO 资源的"专有性"投资，关系专用性资产投资较难转化为其他用途，一旦面临谈判破裂，企业事前专用性资产投资的可逆程度较低，风险承担程度较大。出于理性预期，避免事后的"锁定"风险，风险规避企业事前的专用性资产投资也是不充分的。由于无法在契约中完全规定企业的事前关系资产投资，形成了网络组织的"不完全契约关系"（Grossman-Hart，1986）。每家企业都希望自身拥有更多的 VRIO 资源，减少对不可逆资产的投资占比，合作伙伴在交易专用资产中所表现出的非对称投资程度将影响谈判力量，投资较少的一方对组织的依赖程度较低，其租金分配的讨价还价力量较大。但为了获取最大化的网络租金，激励合作伙伴充分进行资源投资，出于远期合作考虑，一些网络组织会在事后再分配中对风险承担程度较高的一方进行利益补贴。

（三）垄断能力

企业在事前租金分配谈判中，影响其讨价还价力量的因素不仅是相对静态的独特性资源，还有企业具备的卓越能力，即垄断能力，表现为市场势力。如果企业在所处市场中处于垄断地位，市场势力较大，网络组织无法或较难找到其他替代企业，一旦谈判破裂，更换同类可替代中间品而生产出的最终产品的潜在竞争力和预期利润将远低于与该企业合作的销售盈余，则网络组织会对其依赖程度较高，从而企业在谈判中拥有较强的定价权，能分得较高的租金。Porter（1980）的研究已表明，市场势力对企业利润有显著影响。

此外，企业在所处行业的市场集中度也在一定程度上体现其市场势力的强弱，并会对其利润产生影响。价值链中相邻区段产业的相对市场势力是企业的相对市场集中度的函数，这也得到了很多实证研究的支持，Lustgarten（1975）和 Ravenscraft（1983）通过研究发现，行业的成本利润率与买方的市场集中度呈负相关。因此，市场集中度为实现定价决策和最大化利润提供了条件，市场集中度更高的一方在谈判中拥有改变价格的主要力量（孙凤娥，2013）。

二、私有租金的价值攫取

（一）基于 VRIO 资源的价值攫取

网络组织中企业的私有收益本质上主要是李嘉图租金（Lavie，2006），源自企业自身拥有的独特性资源，正是这种资源的价值性吸引网络组织对其结网并产生不同的依赖程度。因此，企业 VRIO 资源作为其核心能力的资源基础，也是企业私有收益的资源基础，拥有更具价值、稀缺和不可模仿的资源的企业能够获取较高的私有租金价值。

企业为网络组织贡献其一定程度的 VRIO 资源作为关系专有性资产投资，参与共有租金的价值创造和分配，其 VRIO 资源的剩余价值则是企业的私有收益。此外，企业也会因网络合作，在参与网络组织 VRIO 资源的形成过程中，生成企业新的 VRIO 资源，提升其资源价值或者资源的利用效率，从而获取私有收益中除李嘉图租金之外的增加价值，即准租金。例如，企业加入某个具有较好声誉或者较高品牌价值的网络组织中，在合作完成最终产品的生产并参与共有租金分配的同时，也会增加企业自身的声誉和产品品牌价值，改变其 VRIO 资源基础，这会比未加入该网络能获取更高的私有收益。

（二）基于创新能力的价值攫取

企业掌握的异质性资源是其租金攫取的基础，但是从时间维度上看，企业自身 VRIO 资源的独特性是短暂的，而且创造网络租金的某些 VRIO 资源会伴随网络组织的存亡而存亡，谈判能力（事后讨价还价力量）也会随时间发生变化。因此，合作伙伴必然依靠创新和模仿来打破现有格局。企业的创新能力是保持企业 VRIO 资源位和改变 VRIO 资源相对价值的动力要素，也是影响议价能力随时间变化的主要因素，较强的创新能力能够攫取较高的私有租金。

网络组织的价值创新实质是知识或资源创新，学习并获取伙伴 VRIO 资源的程度会影响创新和价值攫取。一方面，网络结构和网络位置会影响到资源的可获得性，这对于创新绩效具有重要作用。一般来说，占据网络中心、结构洞（Burt，1992）等良好网络位置的企业能够获得更多的"位置租金"，这是因为网络位置代表了获取信息和知识的机会（胡保亮、方刚，2013）。由于网络信息和知识在网络组织中的分布是不均匀的，Szulanski（1996）指出，没有预先设定的关系，信息和知识很难流动。而"关系"为信息和知识的流动提供了渠道，处于网络中心、结构洞等位置的企业拥有更多的关系，可以获得和支配更多的资源和信息，因而能够促进创新，提升创新绩效（Tsai，2001；Kim & Park，2010）。另一方面，资源相关度会影响私有收益。基于相关资源理论、资源发展理论，企业通过加入与自身VRIO资源较为相关的网络组织，或者议价能力较强的企业在事前谈判中尽可能地通过规则标准等获取网络合作资源的有利倾斜，则企业VRIO资源与网络资源"相关"的战略性资源重合度越高，企业资源发展的机会越多。Markides和Williamson（1996）指出，当企业与网络关系中的合作伙伴在顾客（相似统计口径下的共同顾客群体）、渠道、原料和供应商、工艺流程（相似的产品开发、制造和服务环节）以及技术知识库（专利权/知识产权、专有技术、市场研究）等某一个/某些领域有共同之处时，企业拥有的知识或资源和从网络中获得的知识或资源在战略上是相关的，则有助于企业创造更高的私有租金价值（Dyer et al.，2008）。

企业将网络合作汲取的信息和知识等资源转移到企业内部与共有租金创造不直接关联的部门或单元中，就会产生仅被企业自身所享有的潜在私有收益。当然，企业还要对潜在收益有一定的实际实现能力。价值创新的高低取决于对知识/资源的学习吸收能力（Cohen & Levinthal，1990）和开发创新能力。企业通过识别相关机会、知识创新，即战略创新、产品创新、工艺创新、组织创新、营销创新和文化创新等（余东华、芮明杰，2008），或者进行网络资源的创新整合，开发和培育其他合作伙伴尚未形成的资源和能力，作为其自身VRIO资源的核心能力，且这种资源和能力相对于合作伙伴而言是有价值、稀缺和难以模仿的，就会降低伙伴企业在网络中的地位而提高自身的议价能力，能够从网络合作中获取更多的事后租金。

当然，企业的创新能力在增加私有租金的同时，也会对其共有租金的分配产生影响。创新在总的网络租金形成过程中起到"做大蛋糕"的作用，在网络租金的分配过程中起到"分割蛋糕"的作用（余东华、芮明杰，2008）。

第四节　网络组织价值治理中的企业升级启示

学者指出，组织的价值创造问题一直是管理学研究的热点问题，管理学对组织价值创造的研究早期集中于对单个组织内部知识、能力的积累与配置的研究。随着竞争激烈程度日益加剧，单个组织在竞争中取胜越发困难，因此学术界研究的焦点开始转向合作网络价值创造问题，关注网络组织中的企业升级的研究（张慧敏，2018）。

随着国际市场的竞争如今已逐渐演化为价值网络间的竞争，基于劳动分工这一经济学核心概念而构筑起的全球价值网络中，跨国旗舰企业与本土企业结网形成竞争优势、参与市场竞争并获取租金的观点也得到越来越多的证据支持（Anand & Khanna，2000；Kale et al.，2002；Gulati et al.，2000）。

网络合作能够有效提高网络组织的整体绩效和创造竞争优势，合作创造的网络租金会在网络参与者之间进行价值分配，然而对于个体参与者来说，结网收益不尽相同。一方面，企业在网络组织合作中都可能获得一定程度的共有租金和私有租金，共有租金和私有租金之间的高低组合关系到网络组织的稳定性，在四种组合情形下，当网络的私有租金过高而共有租金低时，网络最不稳定（Dyer et al.，2008；王琴，2009）。而网络稳定性会影响网络租金创造，因此，网主企业更加关心共有租金和私有租金的分配平衡，保持网络稳定成长和未来最大化租金收益，实现租金创造与租金分配有效融合的价值治理生态理念。另一方面，企业结网是为了获取租金并在网络组织中学习成长，必须明确占据较高网络收益的因素，企业结网收益的改善取决于以下"资源"和"能力"方面的因素：

一是企业因其稀缺性、不可替代性和独特性资源而对网络资源产生贡献，对网络贡献的 VRIO 资源越关键，其资源位越高，对共有租金的创造具有更重要的作用，拥有这些资源的企业通常在网络组织中占据主导地位，在租金分配中有较强的议价能力并能够从中获取较大份额。基于企业 VRIO 资源的核心能力是网络合作的基础，也是企业自身收益的基础，如专利权、技术、品牌、声誉、系统集成能力等资源。企业与合作伙伴在网络 VRIO 资源中的相对价值决定了其资源位，提升 VRIO 资源的相对价值，并且能够让伙伴企业了解其所拥有的 VRIO 资源的重要性，让伙伴企业认识到与之合作所获取的绩效将大于与其他企业合作的绩效，这样企业就能改善共有租金的事前分配份额和私有租金收益。

二是企业在网络中的议价能力并非一成不变，其 VRIO 资源位也会随时间推移而改变，企业保持 VRIO 资源位并获取源源不断的相对价值收益的动力因素是创新能力。企业结网的重要意图是获取网络资源和知识，占据网络结构洞或者网络中心等丰富信息位置的企业能够获取企业战略"相关"资源，而创新能力正是对占据的网络资源和知识的学习吸收基础上的价值创新。从动态角度来看，技术创新、营销创新、系统集成创新等会改变企业自身的 VRIO 资源，企业的创新能力越强，其相对 VRIO 资源位越高，就会降低伙伴企业在网络中的地位从而提高自身的事后议价能力，改变租金分配的平衡。一旦缺乏创新能力，企业基于 VRIO 资源的核心能力也终将会随时间推移而失去竞争力，创新能力是企业获取持续租金的原动力，也是企业成长和具备竞争优势的关键驱动力。

三是企业的 VRIO 资源位和创新能力的提升，最终目的都希望转化为其市场势力，形成垄断的市场势力是企业具备的卓越能力，能带来超额垄断利润。企业通过技术创新、工艺创新、产品创新、市场创新、系统集成创新等，引领市场终端消费导向和满足市场需求，或者通过互联网商业模式中的社群隔离形成连接红利（罗珉、李亮宇，2015）等，凭借卓越的市场势力在租金分配中占据主导地位，攫取本质为垄断租金的网络超额利润。

综上，网络合作是一个动态演进的过程，在网络合作的不同阶段参与者的资源基础不同，而且其资源基础会随着合作关系的深入而不断改善。对于网络组织绩效，需要重视事前租金分配和事后租金再分配，重审网络稳定性；对于个体参与者绩效，注重 VRIO 资源的培育以及明晰创新、资源位与市场势力的动力机制，会有效提升企业的议价能力和总的网络租金攫取能力。

第五章　租金攫取视角下GVN价值治理与升级的协同机制

第一节　租金攫取视角下企业升级命题的界定

摆脱"伪升级"的关键是获取持续的竞争优势，属于战略管理范畴。近年来，有学者主张从战略层面关注本土企业升级问题。租金代表企业"质"的价值，是具备竞争优势的利润来源。升级能力是企业获取持续竞争优势性租金的能力，即租金创造能力；升级绩效是企业获取持续竞争优势性的租金分配份额。在上述厘清租金创造和租金分配的价值治理两大核心的基础上，进一步明确租金创造和租金分配，作为两个同等重要的阶段，体现为企业租金攫取的能力和绩效两方面。可以说，"租金攫取"具有租金创造和租金分配两个内涵属性：一方面，租金攫取反映企业是否拥有竞争优势性要素从而进行租金创造的能力；另一方面，租金攫取涉及企业与其他相关要素供给者的讨价还价能力，主动占有租金份额的能力。其中，租金攫取绩效是租金攫取能力的博弈结果。首先，租金攫取能力为企业创造租金，这一阶段决定了可分配"饼"的大小，体现租金效率；其次，"饼"的分配大小取决于租金攫取能力的博弈绩效，即攫取到的租金绩效，体现租金效益（项丽瑶等，2014）。可见，租金创造和租金分配的两个内涵属性体现在升级能力和升级绩效两个核心要件上，是企业升级的关键命题之一。

只有实现租金攫取才是升级的终极导向。越来越多的学者普遍意识到，破解"伪升级"命题的关键是不仅只关注升级问题，还要关注租金与升级的有效协同。俘获型治理与功能升级的初衷都是获得生产活动中更多的租金，可以从价值增加值、附加值增值角度研究升级（Kogut，1985；邢锋，2020；邢会等，

2020)，而租金区别于一般盈利，是具有竞争优势的长期获利能力，全球价值网络理论将租金描述为企业的超额利润（刘林青等，2008）。可以说，"租金攫取"视角下研究企业升级问题具有创新意义和现实意义。既体现本土企业主动获取价值的主张，也同样蕴含升级能动效应，是企业 GVN 绩效的终极导向。因此，有必要在租金和升级之间建立关联，探索本土企业 GVN 价值治理与升级的协同演化机理，围绕力量探讨网络价值权力的争夺，可以揭示何种能力有效实现实质性升级，这是企业升级的关键命题之二。

本书基于中国企业升级进程中的低端陷阱和"伪升级"问题，结合主流全球价值网络升级理论忽视对本土企业升级的研究现状，主张以具备战略竞争优势的租金攫取视角界定企业升级，赋予了升级新的内涵。这是企业升级的又一关键命题。

企业升级具备租金创造和租金分配的双重属性，分别体现在升级能力和升级绩效两个核心要件上，具有租金价值治理的协同效应。这一升级概念中包含两大核心构件，即具有租金攫取属性的升级能力和升级绩效。构成本土企业升级命题：一是以价值创造能力构建租金攫取性质的升级能力，二是以租金攫取绩效衡量升级绩效。

第二节　本土企业 GVN 价值治理与升级的协同演化机理

演化是指随着时间的推移，系统的各种属性即结构、状态、功能以及行为发生变化的过程。任何系统都随时随地地处在演化过程中，或是由低到高、由简单到复杂的进化，抑或是由高到低、由复杂到简单的退化，这样两种路径交织在一起共同构成了系统的演化过程（张慧敏，2018）。文婧（2005）认为升级过程的实质就是企业网络结构的持续动态演化过程应以网络内部各节点为研究焦点。Ingstrup 和 Christensen（2017）用"Lesson"一词提出网络发展的动态化，积极发展以实现升级效应，跳出"升级悖论"的怪圈。Nava‐Alemah（2011）同样指出升级是一个动态过程，但面对"升级悖论"无须悲观，打破"升级悖论"靠的是管理者的战略意图和组织的投资与创新活动。因此，研究基于微观企业层面，从动态演化的视角深入研究升级理论、治理机理，从战略角度帮助中国企业网络在全球生产网络背景下提升价值攫取力。

基于上述"升级"概念，本土企业摆脱"伪升级"命题的关键是获取价值权力的升级。本书基于微观角度，微观视角的价值治理包括节点企业的租金价值创造和租金价值分配，微观视角的 GVN 升级包括企业升级能力和升级绩效。在租金攫取视角下，本书协同价值治理与升级的双核心是租金创造和租金分配与桥联起升级能力和升级绩效。本书将"租金创造—升级能力—租金分配—升级绩效"置于同一系统内，形成微观角度的 GVN 价值治理与企业升级的协同演化范式，如图 5-1 所示。

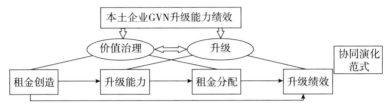

图 5-1 本土企业 GVN 价值治理与升级的协同演化范式

资料来源：笔者自行整理绘制。

本书采用价值治理与升级协同演化范式，基于租金攫取视角研究本土企业 GVN 升级，如图 5-2 所示。从租金价值创造出发，企业层面的租金创造能力协同构建起升级能力矩阵，具有租金创造功能的升级能力继而影响价值权力，这种具备租金攫取属性的升级能力通过生成讨价还价能力，进行价值博弈，价值权力方最终攫取租金绩效，并强化价值网络关系的战略性合作导向，从而提升本土企业升级能力，推动中国企业"升级"演化。

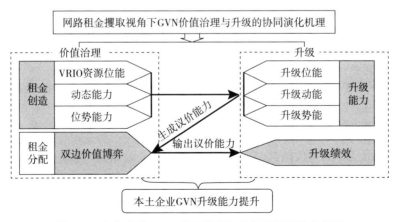

图 5-2 本土企业 GVN 价值治理与升级的协同演化机理

资料来源：笔者自行整理绘制。

第三节　企业租金价值攫取力构建策略：
价值博弈关系的可行性分析

价值网络嵌入的节点企业攫取租金价值，应从战略优势角度审视相互关系。价值网络中企业在将租金价值作为价值导向时，不仅受到自身资源和动态能力因素的影响，还因分工合作受到企业之间关系的影响。有的要素对于自身发展和价值增值有正向的影响，有的要素能否成功培育壮大又取决于企业嵌入的网络关系。因此，还需要基于价值博弈关系探讨策略的构建。

假设企业在价值网络中嵌入以本土企业与核心厂商所构成的生产网络二元关系为前提。本书依据企业网络关系的租金价值创造和租金价值分配的机理，按上述协同演化逻辑，接下来探讨在此假设前提下本土企业的租金价值获取策略对于企业升级的影响。以二元关系视角展开数理推导可行性分析。采用 Cobb-Douglas 函数并置于 Gross-Hart-Moore 不完全契约理论框架内，建立异质性企业的最终产品销售盈余函数，构建依附型网络的双边价值博弈模型，建立关于网络价值关系的策略矩阵。可以测度，对于企业发展和价值增值均具有正的影响的策略是什么？企业突破低端锁定的策略又是什么？进一步为企业升级识别自身资源能力因素，培育具有租金攫取特性的升级能力。

一、建立需求函数

消费者对最终差别产品的 Dixit_stiglitz 型效用函数为：$U = \int_0^n x_i^a di = \sum_{i=0}^n x_i^a$，

$0<a<1$。成本约束条件：$\sum_{i=0}^n p_i x_i = E$。其中，x_i 为差别产品的消费数量，n 为差异产品品种数，E 为消费者对该行业差异品的支出，x_i 和 p_i 分别为具体品种的市场需求量和市场价格，α 为差异产品的市场竞争程度。

根据效用最大化原则，即 $\dfrac{\frac{\partial u}{\partial x_1}}{\frac{\partial u}{\partial p_1}} = \dfrac{\frac{\partial u}{\partial x_2}}{\frac{\partial u}{\partial p_2}} = \cdots = \dfrac{\frac{\partial u}{\partial x_n}}{\frac{\partial u}{\partial p_n}} = \lambda$，构造拉格朗日函数：

$$L(x_i, \lambda) = \sum_{i=0}^{n} x_i^{\alpha} + \lambda \left(E - \sum_{i=0}^{n} p_i x_i \right)_\circ$$

所以：

$$\frac{\partial L}{\partial x_i} = \alpha x_i^{\alpha-1} - \lambda p_i = 0 \qquad (5-1)$$

$$\frac{\partial L}{\partial \lambda} = E - \sum_{i=0}^{n} p_i x = 0 \qquad (5-2)$$

由式（5-1）得：

$$\alpha x_i^{\alpha-1} = \lambda p_i$$

$$x_i^{\alpha-1} = \frac{\lambda}{\alpha} p_i$$

$$x_i = \left(\frac{\lambda}{\alpha} p_i \right)^{\frac{-1}{1-\alpha}} = \left(\frac{\lambda}{\alpha} \right)^{\frac{-1}{1-\alpha}} p_i^{\frac{-1}{1-\alpha}} \qquad (5-3)$$

将式（5-3）代入式（5-2）中得：

$$\sum_{i=1}^{n} p_i \left(\frac{\lambda}{\alpha} \right)^{\frac{-1}{1-\alpha}} p_i^{\frac{-1}{1-\alpha}} = E$$

$$\left(\frac{\lambda}{\alpha} \right)^{\frac{-1}{1-\alpha}} \sum_{i=0}^{n} p_i^{\frac{-\alpha}{1-\alpha}} = E$$

$$\left(\frac{\lambda}{\alpha} \right)^{\frac{-1}{1-\alpha}} = \frac{E}{\sum_{i=0}^{n} p_i^{\frac{-\alpha}{1-\alpha}}} \qquad (5-4)$$

再将式（5-4）代入式（5-3）中得：$x_i = \dfrac{E}{\sum_{i=0}^{n} p_i^{\frac{-\alpha}{1-\alpha}}} p_i^{\frac{1}{1-\alpha}}$。即第 i 种差别产品的

需求函数为：

$$x_i = A P_i^{\frac{-1}{1-\alpha}}, \text{ 其中，} A = E / \sum_{i=0}^{n} p_i^{\frac{-\alpha}{1-\alpha}} \qquad (5-5)$$

二、市场出清条件下最终产品的销售盈余

设 h 为跨国公司的复杂活动投入量，m 为本土企业的简单活动的投入量，最终产品的产量 Q 是两种投入的 Cobb-Douglas 型函数：

$$Q(h, m) = \left(\frac{h}{\eta}\right)^{\eta}\left(\frac{m}{1-\eta}\right)^{1-\eta}, \quad 0 < \eta < 1 \tag{5-6}$$

其中，（η，$1-\eta$）为双方投资对最终销售盈余的产出弹性。

由于在市场出清条件下，故市场需求等于供给，根据式（5-5）和式（5-6）得：

$$\begin{cases} S = D \\ S: x_i = Ap_i^{\frac{-1}{1-\alpha}} \\ D: Q(h, m) = \left(\frac{h}{\eta}\right)^{\eta}\left(\frac{m}{1-\eta}\right)^{1-\eta}, \quad 0 < \eta < 1 \end{cases} \tag{5-7}$$

所以：

$$Ap_i^{\frac{-1}{1-\alpha}} = \left(\frac{h}{\eta}\right)^{\eta}\left(\frac{m}{1-\eta}\right)^{1-\eta}$$

$$p_i = A^{1-\alpha}\left(\frac{h}{\eta}\right)^{-(1-\alpha)\eta}\left(\frac{m}{1-\eta}\right)^{-(1-\alpha)(1-\eta)} \tag{5-8}$$

最终产品的销售盈余为：$R = px$，故根据式（5-6）和式（5-8）得：

$$R(h, m) = p_i x_i$$

$$= A^{1-\alpha}\left(\frac{h}{\eta}\right)^{-(1-\alpha)\eta}\left(\frac{m}{1-\eta}\right)^{-(1-\alpha)(1-\eta)} \times \left(\frac{h}{\eta}\right)^{\eta}\left(\frac{m}{1-\eta}\right)^{1-\eta} \tag{5-9}$$

$$= A^{1-\alpha}\left(\frac{h}{\eta}\right)^{\alpha\eta}\left(\frac{m}{1-\eta}\right)^{\alpha(1-\eta)}$$

其中，$0<\alpha<1$，$0<\eta<1$。

三、根据非对称广义 Nash 议价，销售盈余分成

设双方谈判成功时，各方分得的销售盈余分别为 R_h 和 R_m，且 $R = R_h + R_m$。中间投入 h 和 m 的单位成本分别为 C_h 和 C_m，各方事前投资的可逆程度分别用 g_h 和 g_m 表示，且 $0<g_h<1$，$0<g_m<1$。双方的初始谈判地位为 β 和 $1-\beta$。则双方的谈判威胁点分别为 $v_h = g_h hc_h$ 和 $R_h = \beta R$。

根据广义 Nash 议价决定合作盈余分成比例，双方合作租金最大化的广义 Nash 积为：

$$S = (R_h - v_h)^{\beta}(R_m - v_m)^{1-\beta}$$

$$\begin{cases} \max \quad s \\ s.\,t. \quad R = R_h + R_m \end{cases} \tag{5-10}$$

构造拉格朗日函数 $L(R_h, R_m, \lambda) = (R_h - v_h)^{\beta}(R_m - v_m)^{1-\beta} - \lambda(R - R_h + R_m)$

$$\begin{cases} \dfrac{\partial L}{\partial R_h} = \beta(R_h - v_h)^{\beta-1}(R_m - v_m)^{1-\beta} - \lambda = 0 \\[2ex] \dfrac{\partial L}{\partial R_m} = (1-\beta)(R_h - v_h)^{\beta}(R_m - v_m)^{-\beta} - \lambda = 0 \\[2ex] \dfrac{\partial L}{\partial \lambda} = R - R_h + R_m = 0 \end{cases}$$

即 $\begin{cases} \beta\left(\dfrac{R_m - v_m}{R_h - v_h}\right)^{1-\beta} = \lambda \qquad ① \\[2ex] (1-\beta)\left(\dfrac{R_m - v_m}{R_h - v_h}\right)^{-\beta} = \lambda \qquad ② \\[2ex] R = R_h + R_m \qquad\qquad\quad ③ \end{cases}$

由①/②得 $\dfrac{\beta(R_m - v_m)}{(1-\beta)(R_h - v_h)} = 1$，所以 $\beta(R_m - v_m) = (1-\beta)(R_h - v_h)$

由③得 $R_m = R - R_h$ 代入上式得 $\beta(R - R_h - v_m) = (1-\beta)(R_h - v_h)$

所以 $\begin{cases} R_h = \beta(R - v_h - v_m) + v_h \\ R_m = R - R_h = (1-\beta)(R - v_h - v_m) + v_m \end{cases}$

$$\begin{cases} R_h = \beta(R - g_h hc_h - g_m mc_m) + g_h hc_h \\ R_m = (1-\beta)(R - g_h hc_h - g_m mc_m) + g_m mc_m \end{cases} \tag{5-11}$$

四、利润最大化下求得最优 h、m 及 R

双方合作的总利润为 $\pi = \pi_h + \pi_m$。h 和 m 的预期利润为销售收入减去投入成本，即：$\pi_h = R_h - hc_h = \beta(R - g_h hc_h - g_m mc_m) + g_h hc_h - hc_h$，$\pi_m = R_m - mc_m = (1-\beta)(R - g_h hc_h - g_m mc_m) + g_m mc_m - mc_m$。根据式（5-9）即 $R(h, m) = A^{1-\alpha}\left(\dfrac{h}{\eta}\right)^{\alpha\eta}\left(\dfrac{m}{1-\eta}\right)^{\alpha(1-\eta)}$，

代入得：

$$\pi_h = \beta \left(A^{1-\alpha} \left(\frac{h}{\eta} \right)^{\alpha\eta} \left(\frac{m}{1-\eta} \right)^{\alpha(1-\eta)} - g_h h c_h - g_m m c_m \right) + g_h h c_h - h c_h$$

$$\pi_m = (1-\beta) \left(A^{1-\alpha} \left(\frac{h}{\eta} \right)^{\alpha\eta} \left(\frac{m}{1-\eta} \right)^{\alpha(1-\eta)} - g_h h c_h - g_m m c_m \right) + g_m m c_m - m c_m$$

$$(5-12)$$

则利润最大化的一阶条件为：

$$\frac{\partial \pi_h}{\partial h} = \alpha\beta A^{1-\alpha} \left(\frac{h}{\eta} \right)^{\alpha\eta-1} \left(\frac{m}{1-\eta} \right)^{\alpha(1-\eta)} - \beta g_h c_h + g_h c_h - c_h = 0$$

$$(5-13)$$

$$\frac{\partial \pi}{\partial m} = \alpha(1-\beta) A^{1-\alpha} \left(\frac{h}{\eta} \right)^{\alpha\eta} \left(\frac{m}{1-\eta} \right)^{\alpha(1-\eta)-1} - (1-\beta) g_m c_m + g_m c_m - c_m = 0$$

$$(5-14)$$

整理得：

$$\alpha\beta A^{1-\alpha} \left(\frac{h}{\eta} \right)^{\alpha\eta-1} \left(\frac{m}{1-\eta} \right)^{\alpha(1-\eta)} = (\beta g_h - g_h + 1) c_h \quad (5-15)$$

$$\alpha(1-\beta) A^{1-\alpha} \left(\frac{h}{\eta} \right)^{\alpha\eta} \left(\frac{m}{1-\eta} \right)^{\alpha(1-\eta)-1} = ((1-\beta) g_m - g_m + 1) c_m$$

$$(5-16)$$

两式相除得：

$$m = \frac{[(\beta-1) g_h + 1] c_h (1-\beta)(1-\eta)}{(1-\beta g_m) c_m \beta\eta} h \quad (5-17)$$

代入式（5-15）得：

$$\alpha\beta A^{1-\alpha} \left(\frac{h}{\eta} \right)^{\alpha\eta-1} \left(\frac{[(\beta-1) g_h + 1] c_h (1-\beta)}{(1-\beta g_m) c_m \beta\eta} h \right)^{\alpha(1-\eta)} = (\beta g_h - g_h + 1) c_h$$

$$(5-18)$$

所以：

$$h = A\eta\alpha^{\frac{1}{1-\alpha}} \left(\frac{\beta}{[(\beta-1) g_h + 1] c_h} \right)^{\frac{1-\alpha(1-\eta)}{1-\alpha}} \left(\frac{1-\beta}{(1-\beta g_m) c_m} \right)^{\frac{\alpha(1-\eta)}{1-\alpha}} \quad (5-19)$$

代入式（5-17）得：

$$m = \frac{\left[(\beta - 1)g_h + 1\right]c_h(1 - \beta)(1 - \eta)}{(1 - \beta g_m)c_m\beta\eta} \times$$

$$A\eta\alpha^{\frac{1}{1-\alpha}}\left(\frac{\beta}{\left[(\beta - 1)g_h + 1\right]c_h}\right)^{\frac{1-\alpha(1-\eta)}{1-\alpha}}\left(\frac{1 - \beta}{(1 - \beta g_m)c_m}\right)^{\frac{\alpha(1-\eta)}{1-\alpha}}$$

$$= A(1 - \eta)\alpha^{\frac{1}{1-\alpha}}\left[\frac{\beta}{\left[(\beta - 1)g_h + 1\right]c_h}\right]^{\frac{\alpha\eta}{1-\alpha}}\left[\frac{1 - \beta}{(1 - \beta g_m)c_m}\right]^{\frac{1-\alpha\eta}{1-\alpha}}$$

$$(5-20)$$

将式（5-19）和式（5-20）代入式（5-9）中 R(h, m) 得：

$$R = A^{1-\alpha}\left(\frac{h}{\eta}\right)^{\alpha\eta}\left(\frac{m}{1 - \eta}\right)^{\alpha(1-\eta)}$$

$$= A^{1-\alpha}\left[A\alpha^{\frac{1}{1-\alpha}}\left(\frac{\beta}{\left[(\beta - 1)g_h + 1\right]c_h}\right)^{\frac{1-\alpha(1-\eta)}{1-\alpha}}\left(\frac{1 - \beta}{(1 - \beta g_m)c_m}\right)^{\frac{\alpha(1-\eta)}{1-\alpha}}\right]^{\alpha\eta} \times$$

$$\left[A\alpha^{\frac{1}{1-\alpha}}\left[\frac{\beta}{\left[(\beta - 1)g_h + 1\right]c_h}\right]^{\frac{\alpha\eta}{1-\alpha}}\left[\frac{1 - \beta}{(1 - \beta g_m)c_m}\right]^{\frac{1-\alpha\eta}{1-\alpha}}\right]^{\alpha(1-\eta)}$$

$$= A\alpha^{\frac{\alpha}{1-\alpha}}\left[\frac{\beta}{\left[(\beta - 1)g_h + 1\right]c_h}\right]^{\frac{\alpha\eta}{1-\alpha}}\left[\frac{1 - \beta}{(1 - \beta g_m)c_m}\right]^{\frac{\alpha(1-\eta)}{1-\alpha}}$$

$$(5-21)$$

可知 $\frac{\partial R}{\partial g_h} > 0$，$\frac{\partial R}{\partial g_m} > 0$，即最终产品的销售盈余与各方的可逆程度正相关。

根据式（5-21）和式（5-12），即把 h、m、R 代入得：

$$\pi_h = \beta R\left\{1 - \alpha\left[\eta + \frac{(1 - \eta)(1 - \beta)g_m}{(1 - \beta g_m)}\right]\right\} \qquad (5-22)$$

$$\pi_m = (1 - \beta)R\left\{1 - \alpha\left[(1 - \eta) + \frac{\eta\beta g_h}{(\beta - 1)g_m + 1}\right]\right\} \qquad (5-23)$$

$$\pi = \pi_h + \pi_m = R\left\{1 - \alpha\left[\frac{\eta\beta}{(\beta - 1)g_m + 1} + \frac{(1 - \eta)(1 - \beta)}{1 - \beta g_m}\right]\right\} \qquad (5-24)$$

五、在相应假设下求利润最大化下分成比例 β

（1）为保证网络的稳定性，在双方利润最大化的条件下，寻找租金的最优分成比例，即 β^*。根据式（5-24）即 $\max\pi$ 下求最优 β^*，则一阶条件为 $\frac{\partial\pi}{\partial\beta}=0$，由此可得 β^*。

（2）依附型生产网络的利益分配机制。若假设在一个依附型网络中，求均衡分配比例 β^*。则跨国公司在利润分配中占主导，跨国公司单方面决定双方利益分配，即令 $g_h=1$ 且 $g_m=0$，故以跨国公司利润最大化为目标。则预期利润可简化为：

$$\pi_m=(1-\beta)R\{1-\alpha[(1-\eta)+\eta\beta]\} \tag{5-25}$$

$$\pi_h=\beta R\left\{1-\alpha\left[\eta+\frac{(1-\eta)(1-\beta)g_m}{(1-\beta g_m)}\right]\right\}$$

$$=\beta A\alpha^{\frac{\alpha}{1-\alpha}}\left[\frac{\beta}{[(\beta-1)g_h+1]c_h}\right]^{\frac{\alpha\eta}{1-\alpha}}\left[\frac{1-\beta}{(1-\beta g_m)c_m}\right]^{\frac{\alpha(1-\eta)}{1-\alpha}}$$

$$\left\{1-\alpha\left[\eta+\frac{(1-\eta)(1-\beta)g_m}{(1-\beta g_m)}\right]\right\} \tag{5-26}$$

$$=\frac{A\alpha^{\frac{\alpha}{1-\alpha}}(1-\alpha\eta)}{(c_h^\eta c_m^{1-\eta})^{\frac{\alpha}{1-\alpha}}}\beta(1-\beta)^{\frac{\alpha(1-\eta)}{1-\alpha}}=B\beta(1-\beta)^{\frac{\alpha(1-\eta)}{1-\alpha}}$$

其中，$B=\frac{A\alpha^{\frac{\alpha}{1-\alpha}}(1-\alpha\eta)}{(c_h^\eta c_m^{1-\eta})^{\frac{\alpha}{1-\alpha}}}$，预期利润最大化问题即 $\max\left\{B\beta(1-\beta)^{\frac{\alpha(1-\eta)}{1-\alpha}}\right\}$，

其一阶条件为：

$$\frac{\partial\pi_h}{\partial\beta}=B\left[(1-\beta)^{\frac{\alpha(1-\eta)}{1-\alpha}}+\beta\frac{\alpha(1-\eta)}{1-\alpha}(1-\beta)^{\frac{\alpha(1-\eta)}{1-\alpha}-1}\times(-1)\right]=0$$

$$B\left[(1-\beta)^{\frac{\alpha(1-\eta)}{1-\alpha}}\left(1-\beta\frac{\alpha(1-\eta)}{1-\alpha}\times\frac{1}{1-\beta}\right)\right]=0$$

$$B\left[(1-\beta)^{\frac{\alpha(1-\eta)}{1-\alpha}}\left(\frac{1-\beta-\alpha+\alpha\eta\beta}{(1-\alpha)(1-\beta)}\right)\right]=0$$

$$\tag{5-27}$$

因为 $B>0$，$1-\beta>0$，$1-\alpha>0$，所以 $1-\beta-\alpha+\alpha\eta\beta=0$，故 $\beta^*=\frac{1-\alpha}{1-\alpha\eta}$。

若以总利润最大化为目标，则将 $g_h=1$ 和 $g_m=0$ 代入式（5-21）中得：

$$R = A\alpha^{\frac{\alpha}{1-\alpha}} \left[\frac{\beta}{[(\beta-1)g_h + 1]c_h} \right]^{\frac{\alpha\eta}{1-\alpha}} \left[\frac{1-\beta}{(1-\beta g_m)c_m} \right]^{\frac{\alpha(1-\eta)}{1-\alpha}}$$

$$= A\alpha^{\frac{\alpha}{1-\alpha}} \left(\frac{1}{c_h} \right)^{\frac{\alpha\eta}{1-\alpha}} \left(\frac{1}{c_m} \right)^{\frac{\alpha(1-\eta)}{1-\alpha}} (1-\beta)^{\frac{\alpha(1-\eta)}{1-\alpha}}$$

$$(5-28)$$

令 $T = \alpha^{\frac{\alpha}{1-\alpha}} \left(\frac{1}{c_h} \right)^{\frac{\alpha\eta}{1-\alpha}} \left(\frac{1}{c_m} \right)^{\frac{\alpha(1-\eta)}{1-\alpha}}$，显然 T 与 β 无关，则可简写为 $R = T(1-\beta)^{\frac{\alpha(1-\eta)}{1-\alpha}}$。

同理代入式（5-24）中，得：

$$\pi = R\left\{ 1 - \alpha\left[\frac{\eta\beta}{(\beta-1)g_m + 1} + \frac{(1-\eta)(1-\beta)}{1-\beta g_m} \right] \right\}$$

$$= T(1-\beta)^{\frac{\alpha(1-\eta)}{1-\alpha}} \{ 1 - \alpha[\eta\beta + (1-\eta)(1-\beta)] \}$$

$$(5-29)$$

$$= T(1-\beta)^{\frac{\alpha(1-\eta)}{1-\alpha}} [\beta(\alpha - 2\alpha\eta) + 1 + \alpha\eta - \alpha]$$

则利润最大化的一阶条件为 $\frac{\partial\pi}{\partial\beta} = 0$，$\beta^* = \frac{1-\eta}{1-2\eta} + \frac{1}{1-\alpha(1-\eta)}$，$1-\eta$ 为本土企

业 m 的产出弹性，即 $\eta_m = 1-\eta$，$\beta^* = \frac{\eta_m}{2\eta_m - 1} + \frac{1}{1-\alpha\eta_m}$。

本书后续所涉及的推导过程则简略。

六、价值博弈关系的策略矩阵

综上，二元关系视角下，全球价值网络中跨国旗舰企业 h 和本土企业 m 共同完成最终产品的生产，实现销售盈余 R（便于与租金 Rent 协同研究，简称 R）。假定市场出清，基于 Cobb-Douglas 函数建立网络租金 $R_{(h,m)}$，$R_{(h,m)} = A^{1-\alpha} \left(\frac{h}{\eta} \right)^{\alpha\eta} \left(\frac{m}{1-\eta} \right)^{\alpha(1-\eta)}$，$(\eta, 1-\eta)$ 为企业 h 和 m 的双边投资对最终销售盈余的产出弹性（考虑到产业链营销区段环节的消费价值偏好带来的垄断程度），α 为由于技术或知识创新带来的独特性和差异性的产品市场竞争程度，A 为行业市场需求水平。假定双方的初始谈判地位或双边租金分配比例为 $(\beta, 1-\beta)$，$0 < \beta < 1$，则谈判成功时各方分得的销售盈余分别为 $R_h = \beta R$ 和 $R_m = (1-\beta)R$，$R = R_h + R_m$。如果谈判破裂，双方的谈判威胁点分别为 $V_h = g_h h c_h$ 和 $V_m = g_m m c_m$，其中，(h, m) 分别为跨国公司和本土企业投资形成的广义中间投入品（包括品

牌、技术、中间产品、零部件、产品组装等），c_h 和 c_m 为中间投入 h 和 m 的单位成本，g_h 和 g_m 分别表示双方事前投资的可逆程度，且 $0<g_h<1$，$0<g_m<1$。考虑不完全契约关系性投资的不可逆程度所带来的谈判威胁点 $V_{(h,m)}$，建立网络双边合作租金最大化的广义矩，$S(h,m)=(R_h-V_h)(R_m-V_m)$，根据一阶条件求得双方的销售盈余 R_h 和 R_m，并代入双方的利润 $\pi_h=R_h-hc_h$ 和 $\pi_m=R_m-hc_m$ 中，求得最大化利润下的租金分配比例为 $\beta_h=\dfrac{1-\alpha}{1-\alpha\eta}$，$\beta_m=\dfrac{\alpha(1-\eta)}{1-\alpha\eta}$。由 $\partial\pi_h/\partial\alpha$ <0，$\partial\pi_m/\partial\alpha<0$，$\partial\pi_h/\partial c_h<0$，$\partial\pi_m/\partial c_m<0$，$\partial\pi_h/\partial\eta>0$，$\partial\pi_m/\partial\eta<0$，后续推导过程在此省略，借鉴学者胡国恒（2006）在分析国际生产组织中的利益分配推理过程和结果分析，可得出跨国旗舰企业和本土企业在依附型网络中价值博弈策略对双方利益的影响矩阵如表 5-1 所示。

表 5-1　网络二元关系中的价值博弈策略对双方利益的影响

跨国旗舰企业利润　　　　　　　本土企业利润	增加	中性	减少
增加	$\alpha\downarrow$，$c_h\downarrow$，$c_m\downarrow$	$g_m\uparrow$	$(1-\eta)\uparrow$
减少	$\eta\uparrow$		$\alpha\uparrow$，$c_h\uparrow$，$c_m\uparrow$

资料来源：笔者引自胡国恒（2006）《国际生产的微观组织与利益博弈机制》的研究。

其中，网络参与者创造网络租金，必然会进行事前专用性资产投资，双方事前投资的可逆程度分别用 g 表示，即本土企业专用型资产投资为 $K=(1-g_m)c_m m$。专用性投资的收益函数为 $Y=K+\varepsilon$，扰动项 ε 服从正态分布 $(0,\sigma^2)$。专用性投资 K 的治理成本为 $f(K)$，$f'(K)>0$，$f''(K)>0$，假设风险为中性条件下，企业的专用性投资的净收益：$y=Y-f(K)=K-f(K)$，分别对其求一阶和二阶导数可得：$y'=1-f'(K)$，$y''=-f''(K)$。

由于 $f''(K)>0$，可得，$f'(K)$ 递增，当 $f'(K)<1$ 时，$y'=1-f'(K)>0$；当 $f'(K)>1$ 时，$y'=1-f'(K)<0$。

因此，随着专用性投资的增加，专用性投资给投资方带来的净收益会先上升然后下降，净收益 y 为 K 的倒 U 形函数。

在依附型网络中，双方利益价值博弈的均衡策略：一是通过技术创新提高产品差异化程度；二是通过品牌、渠道、服务等环节强化市场势力弱化市场竞争程度；三是提高企业的资源生产效率，降低边际生产成本。

本土企业和跨国公司在价值博弈中采取的策略，都是提高自身的产出弹性。由于产品内结构分工中跨国公司的产出弹性越高，其攫取的租金越多，本土企业获得的租金份额越小，而本土企业提高产出弹性的策略并不会提高跨国公司的租金收益，从自身利益出发，跨国公司一般不愿意改变现有的网络关系，因此，本土企业试图向价值链高端的跨越存在一定难度。

企业结网所进行的专用性投资并一定能带来本土企业的价值增值。价值网络中的跨国旗舰厂商为维持网络的稳定性，会不断要求本土企业进行关系性资产投资，但由于专用性资产可逆度低，存在突破低端锁定的刚性风险，数理推导结果显示出专用性投资给投资方带来的净收益会先上升然后下降，企业在租金攫取的升级进程中，应逐步增加专有性资产存量，获取价值博弈中的价值权力，实现高端升级。

第四节　基于租金攫取的企业升级能力构建

一、租金攫取能力与绩效的理论分析

租金攫取绩效是租金攫取能力的博弈结果，对应两个同等重要的阶段，租金创造和租金分配。首先，租金攫取能力为企业创造租金，这一阶段决定了可分配"饼"的大小，即可攫取的租金绩效，体现租金效率；其次，"饼"的分配大小取决于租金攫取能力的博弈绩效，即攫取到的租金绩效，体现租金效益（项丽瑶等，2014）。具备租金攫取能力是本土企业 GVN 升级的先决条件，以租金攫取能力参与"饼"的分配过程中表现出的议价力量越强，能力绩效则越优秀。

（一）具有租金创造属性的租金攫取能力

租金攫取能力的实质是本土企业的网络租金创造能力，这里能力内涵的租金攫取属性对应第一阶段租金创造功能，不同于封闭式的租金创造，租金攫取能力强调价值网络知识溢入溢出流动、开放共享情境中本土企业创造租金的能力，这种能力的识别和构建取决于企业层面的租金来源。无论价值网络的研究范围如何扩张，企业的主体地位不变，企业层面的租金在整个价值网络的租金体系中是处于核心位置的（刘林青等，2008）。另外，开放范式下的网络租金包括共有租金和私有租金，二者都是内生性的租金（Lavie，2006），这种内生性的企业层面租金源于"资源"和"能力"的价值创造，主要包括：凭借企业独特资源的"李嘉图租金"；依靠企业动态能力的"熊彼特租金"；基于垄断能力提升的"垄断租金"（Teece et al.，1997；刘林青等，2008）。三个层面的租金决定了本土企业租金攫取能力维度：攫取"李嘉图租金"的 VRIO 资源位能力、攫取熊彼特/创新租金的创新能力，以及攫取垄断租金的市场势力。按照上述逻辑关系进行理论分析并构建基于租金攫取位能、租金攫取动能和租金攫取势能的"三矩式"能力结构。

（1）租金攫取位能：资源位能力。租金攫取位能是本土企业培育异质化资本，攫取"李嘉图租金"、占据价值网络高位的核心能力。经济租金产生的资源基础观认为，资源挑选（Resource-picking）机制强调对网络主体独特性资源的选取（罗珉、李亮宇，2015），这些资源具有"高价值、稀缺性和不可替代性"（Conner，1991）。在资源占优的市场挑选中，企业凭借异质性资源结网并基于这种高价值、稀缺性、难以模仿、难以替代的 VRIO 资源（Barney，1991）来获取市场溢价的"李嘉图租金"。网络组织正是通过对某些 VRIO 资源的选择与匹配实现租金的创造，基于 VRIO 资源高位的"李嘉图租金"是网络主体具备竞争优势的利润本源。所谓资源位，是指在广义资源空间中能够被某经济系统实际和潜在占据、利用或适应的部分（昝廷全，2001）。广义资源空间是指由多种广义资源因子所撑起的高维空间（昝廷全，2000）。这里广义资源不仅包括人、财、物等传统资源，还包括技术、信息、知识、关系资源等资源，这些资源按其形态可分为硬资源和软资源（孙凤娥等，2015，2013）。开放式竞合情境的网络组织中，软资源通常包括规则、标准、专利、技术、品牌、声誉等，是有价值、高稀缺、难以模仿和难以替代的 VRIO 资源（孙凤娥等，2015）。相对于另一部分企业硬资源，如厂房建设、机器设备购置、土地租用等，VRIO 资源所蕴含的人类智慧含量较高，在整个网络资源空间中处于高位。这里资源位能力①是企业凭借自身 VRIO 资源占据网络资源高位并攫取租金的能力，其中

---

① 本书的资源位能力特指 VRIO 资源高位能力，是参照孙凤娥（2013）对资源所蕴含的智慧含量程度的高低（即高级化程度）划分的资源位，即 VRIO 资源高位攫取租金的能力，另外，智慧含量较低的硬资源不构成资源位能力。

VRIO 资源位又分为高资源位和低资源位。一般而言，在价值网络 DIM 厂商中，高资源位体现在网络体系的规则标准设计和关系资源集成方面；低资源位表现为技术、渠道、品牌等方面。不同的 VRIO 资源位能力实现的租金创造有差异。

（2）租金攫取动能：创新能力。租金攫取动能是在网络动态演化的竞合关系中，以战略优势角度驱动本土企业不断学习、创新，拓展网络资源域、激活自我智能池，创造性地开发企业多层次市场联动潜力，创造源源不断的创新租金的能力。企业创造"李嘉图租金"的 VRIO 资源位会随时间推移而改变，保持和提升资源价值力的动力源是创新能力。创新能力是给予价值创造因子智慧补给、保持网络有机体活力的战略租金优势能力。开放式网络租金范式下，知识、信息等不可避免地会产生溢入溢出流动，网络主体也会进行有目的的知识传递、知识共享，网络合作形成的知识域（Knowledge Area）是创新能力的营养液。本土企业对这些新知识、新信息的利用性（Explorative）学习吸收能力，以及探索性（Exploitative）创新能力会帮助企业进行适应性创新和自主性创新，这里适应性创新是企业为适应网络竞和情境对自身内部系统进行的创新，也称为独立创新（Isolated Innovation）；自主性创新是企业超越网络边界的前瞻性开放创新（Open Innovation）。基于学习吸收能力和创新能力的适应性创新与自主性创新为企业创造本质为动态能力的"熊彼特/创新租金"，是租金攫取动能。

（3）租金攫取势能：市场势力。租金攫取能力的真正目标是企业培育的 VRIO 资源位核心能力以及创新能力都最终转化为市场势力（Market Power），而这种依靠信息传递、知识整合和技术创新，从而产生超额利润的竞争优势性价值网络，通常会逐步形成一种以动态创新为主要特征的市场势力。租金攫取势能无论是高位势能，如系统资源整合等方面的能力，还是低位势能，如营销创新等方面的能力，只要生产的产品（包括服务）能够获取高度的市场认可和独一无二的顾客价值偏好，尤其是在当今互联网商业模式中形成有效的"社群隔离"，企业就能凭借创新型市场势力撇脂市场红利，攫取创新性垄断租金。

三个层面的租金攫取能力的核心逻辑是：源于 VRIO 资源位的租金创造表现为企业核心能力，是网络合作的异质性基础，需要不断输送"创新能力和技术能力"的动态竞争优势，以解决能力"刚性"问题，而租金攫取位能和租金攫取动能最终都要通过创新型市场势力转化为租金攫取势能，推进本土企业战略竞争优势意义的高端化价值网络升级。

命题一：VRIO 资源位能力、创新能力和市场势力是企业层面的租金攫取能力，影响网络租金的分配格局，从而对本土企业租金攫取具有积极效应。

(二) 具有租金分配属性的租金攫取绩效

价值网络本质是一种契约关系，网络超额利润的分配实质上是双边或多边主体在不同谈判结构下的讨价还价问题，根植于网络关系治理。租金攫取绩效体现本土企业以租金攫取能力参与分配谈判的定价权和讨价还价力量 (Bargaining Power) 上，这种租金攫取力量实质上是租金攫取能力的双边动态博弈，博弈标准是网络组织对其依赖程度，以及本土企业对网络租金的贡献程度 (宗文等, 2016)。因此，依赖度越高，或者贡献度越高，租金攫取力量越强，则租金攫取绩效更优秀。因循 "租金—力量—绩效" 的理论思路，分析本土企业租金攫取绩效的影响因素与作用机理。

(1) 资源位能力与租金攫取绩效。网络租金本质是 "李嘉图租金" (Lavie, 2006; 王琴, 2009)，源于整个网络组织 VRIO 资源域的租金创造，其中任何一个企业 VRIO 资源基的退出，都可能导致网络绩效的巨大损失，网络组织甚至无法运行。因此，本土企业资源位能力的相对价值贡献决定租金攫取绩效。通常，每项 VRIO 资源对网络组织的边际贡献无法计算得出，网络主体一般会进行事先谈判，谈判中的每一方都会判断合作伙伴所拥有的 VRIO 资源，这些资源对构成网络 VRIO 资源域的关键程度，并以此判断合作伙伴被取代的程度，以及伙伴如果被取代将会对网络绩效带来的影响。依据网络主体所贡献的 VRIO 资源的相对价值，对形成网络 VRIO 资源 "域" 越关键的企业，以及与该企业合作将会比与其他任何企业联盟创造更大的租金价值，则网络组织对其依赖程度较大，在未来对这些资源产生的租金分配谈判中企业的讨价还价力量越大。谈判各方就其所拥有的 VRIO 资源和这些资源对租金绩效的贡献度进行判断并达成共识，签订事先租金分配契约，明确所提供产品的定价。高资源位能力的本土企业相较于低资源位能力的价值贡献更大，在租金分配中的谈判力量更强，攫取的租金绩效更优秀。

企业资源位能力通过专有性 (Exclusive) 资源位贡献攫取租金绩效，相对而言，更多的硬资源/有形资源占比的本土企业，则会面临专用性 (Specific) 资源投资风险。由于关系专用性资源投资的可逆程度较低，一旦面临谈判破裂，专用性依赖 (Specific Dependence) 的 "锁定" 风险使企业讨价还价力量较低，不利于租金攫取绩效。

命题二 (a)：本土企业 VRIO 资源位能力会强化网络组织对其资源依赖程度，关系专有性资源位的贡献越大，在谈判中的讨价还价力量越强，租金攫取绩效越高。

命题二（b）：专用性资源的锁定风险削弱了在谈判中的讨价还价力量，是 VRIO 资源位能力的控制变量，关系专用性资源投资占比越大，越不利于本土企业租金攫取绩效。

（2）创新能力与租金攫取绩效。本土企业提升租金攫取绩效必然依靠价值创新来打破事前租金分配格局，网络价值创新的实质是知识或资源创新。创新能效基于组织智商，主张"包容"和"创新"的网络组织"关系"桥联起网络主体及其合作所形成的资源域，为知识和信息的流动提供渠道，即时输送价值创新补给。处于网络中心、结构洞等位置的企业拥有更多的关系渠道，可以获得和支配更多的资源和信息，因而能够促进创新和创新绩效。创新绩效的高低取决于对知识/资源的学习吸收能力和开发创新能力。对战略"相关"资源的利用性和探索性创新能力，即企业与网络关系中的合作伙伴在顾客（相似统计口径下的共同顾客群体）、渠道、原料和供应商、工艺流程（相似的产品开发、制造和服务环节）以及技术知识库（专利权/知识产权、专有技术、市场研究）等某一个/某些领域有共同之处时，有助于攫取更高的租金价值。本土企业在所处的商业生态环境中搜索潜在的创新机会，识别并汲取创新价值资源（包括知识、信息与实体资源），不断进行适应性创新和突破性创新，更新网络资源域，反哺创新动能的蓄积，形成创新能效的螺旋式提升，解决升级能力的"刚性"问题。本土企业通过识别相关机会、知识创新，即战略创新、产品创新、工艺创新、组织创新、营销创新和文化创新等（余东华、芮明杰，2008），或者进行网络资源的创新整合，开发和培育其他合作伙伴尚未形成的资源和能力，作为其自身 VRIO 资源的核心能力，且这种资源和能力相对于合作伙伴而言是有价值、稀缺和难以模仿的，就会降低伙伴企业在网络中的地位而提高自身的议价能力（王琴，2009），能够从网络合作中攫取更多的事后租金。

命题三：本土企业在商业生态环境中的适应性和突破性创新能力，能够改变自身资源位并提高讨价还价力量，是提升租金攫取绩效的动态能力要素。

（3）市场势力与租金攫取绩效。租金攫取势能是契合或开发终端市场需求，联动消费价值主张从而做大做强市场的创新型垄断能力，是租金攫取绩效的直接动力。这种创新型势能的结构差异能够影响租金攫取绩效边界。高位势能是将前瞻性创新通过制定高位规则标准，自上向下"造市"，拓展新市场边界，垄断未来市场的换位升级能力；低位势能是快速响应市场需求前沿和趋势，进行模块创新，从下而上"顺市"，拓展竞争市场边界，垄断现有市场的本位升级能力。其中，高位势能是具备卓越租金攫取势能的本土企业摆脱本网低端锁定，创新市场并实现换位升级的起跳板，尤其在当今互联网商业模式中，高位势能依靠快速有效的资源整合、规则标准造市，形成社群隔离连接红利，是实现终端市场联动升级并攫取超额商业红利的重要力量。本土企业无论是本位升级或是换位升级，具有本位势能或是换位势能，一旦形成终端市场垄断和较大的市场势力，网络组织会对其依赖程度较高，由于无法或较难找到其他替代企业，面临谈判破裂时，更换同类可替代中间品而生产出的最终产品的潜在竞争力和预期利润将远低于与该企业合作的销售盈余，从而使该企业在谈判中拥有较强的定价权，在租金分配中占据主导地位，攫取网络超额利润。

命题四：创新型市场势力是本土企业获取直接定价权的重要谈判力量，对租金攫取绩效会产生显著影响。

可见，本土企业在租金攫取能力上的差异性，使企业在网络租金创造过程中的参与度和贡献度具有非对称性，而且企业从结网合作形成的知识/资源共享域中学习并创新取得的动态优势具有差异性，从而在一个动态时期内决定了企业在网络中的位置和力量以及在租金分配中的谈判力量差异，最终使租金攫取绩效具有非均衡性。

二、基于租金攫取的企业升级能力构建

具备租金攫取属性是本土企业升级能力的构建依据，这是企业参与网络合作共同完成最终产品的生产，由此在国际市场竞争中获取销售盈余、创造网络租金并能够参与网络租金分配的必要能力要素。

本书在此理论分析基础上，依据 GVN 价值治理与升级的协同演化机理路径，构建升级能力要素矩阵。基于企业层面的租金创造来源："李嘉图租金"的 VRIO 资源位能力、"熊彼特租金"的动态能力、垄断租金的位势能力，协同构建具备租金创造功能属性的升级能力：升级位能、升级动能、升级势能的三维矩阵。

基于价值博弈的 Nash 矩阵，提出技术创新能力是本土企业培育实质升级能力的驱动要素，能够攫取价值网络的"熊彼特租金"；而资源整合能力和市场势力作为垄断能力是企业换位升级的能力要素，能够攫取价值网络的超额垄断租金。

"租金—升级"协同治理理念下，升级能力的核心逻辑是：源于 VRIO 资源

位的租金创造表现为企业核心能力，是网络合作的异质性基础，需要不断输送技术创新能力的动态竞争优势，以解决能力"刚性"问题，而升级位能和升级动能最终都要通过资源整合能力和市场势力转化为升级势能，最终影响企业升级绩效的租金攫取力。

（一）升级位能：VRIO 资源位能力

升级位能是企业培育和累积自身 VRIO 资源存量以占据网络资源高位并创造租金价值的能力，也是企业攀升价值网络需要培育的核心位势能力。

本土企业进行网络关系性投资累积形成资源存量的专用性资源和专有性资源，而专用性资源和专有性资源的网络位势差异是企业竞争优势的价值源泉。其中，专有性资源位能力是企业在资源占优的市场挑选中，识别和培育异质化资本，形成自身高价值、稀缺性、难以模仿、难以替代的 VRIO 资源（Barney，1991）的能力。由于 VRIO 资源所蕴含的人类智慧含量较高，通常包括规则、标准、专利、技术、品牌、声誉等，在整个网络资源空间中处于高位。企业凭借这种 VRIO 资源位能力占据较高的网络资源位，并基于其专有性资源位的优势来获取市场溢价的"李嘉图租金"。

培育和提升本土企业 VRIO 资源位的核心能力，会使企业具备结网竞争优势并创造更多溢价的"李嘉图租金"，表现出"价值增质"的能力更强，而从低资源位向高资源位的提升能力路径也是实现网络位置力量（即话语权）的升级能力路径。

（二）升级动能：创新能力

升级动能是在价值网络竞合体系中，通过企业主体对新技术、新知识、新信息的学习、吸收和不断的渐进式、自主性创新，不断保持和提升 VRIO 资源位，在技术和市场上攫取创新租金、推进智能升级的能力。

作为一种创新租金攫取能力，升级动能的提升不仅与网络知识域密切相关，还取决于本土企业的学习能力及其知识基（Knowledge Base）的差异。是企业创造本质为动态能力的"熊彼特/创新租金"，能够改变企业的动态竞争力。

企业通过产品、技术、市场、渠道及关系资源配置等方面的创新，攫取创新租金的同时也获取了能够赢得相对于竞争对手的先发优势，不仅为企业培育独特的资源禀赋，源源不断地输送"李嘉图租金"（Makadok，2001；刘林青等，2008），而且驱动本土企业智能升级，是攀升价值网络的发动机与推进器。

(三) 升级势能：市场垄断能力

升级势能不同于创新能力的隐性动力特质，是本土企业在利润实现终端市场的显性创新型势力，也是执行本土企业升级战略的卓越能力。

目前开放创新型的全球价值网络所产生的超额商业红利，基本上源于以动态创新为主要特征的市场势力。市场垄断能力不仅包括如市场规则标准设计、市场资源整合、商业模式创新等方面的高端市场营运能力，还包括如产品和工艺创新、营销创新等方面的市场运作能力。只要生产的创新产品或提供创新整合的市场服务信息能够获取高度的市场认可和独一无二的顾客价值偏好，尤其是在当今互联网商业模式中形成有效的"社群隔离"，企业就能凭借创新型市场垄断能力撇脂市场红利，攫取垄断租金。

企业培育市场势力的同时也是在生产和研发过程中对独特性资源的创造和使用的结果，因此，在产品、渠道、商业模式等市场资源培育方面表现出有价值、稀缺而又难以替代的特征，会提升企业的 VRIO 资源位，攫取"李嘉图租金"。升级势能更加重视通过市场创新培育起终端市场势力，同时体现扩张本土市场规模实现价值网络攀升的新理念。

基于网络生态资源位的企业 VRIO 资源位能力、学习创新能力和市场垄断能力，构建起具备租金创造属性的升级位能、升级动能和升级势能，三个层面升级能力都会影响网络租金的分配格局，其中，升级位能影响事前租金谈判力量，升级动能和升级势能会影响事后的租金谈判力量，从而都会对本土企业的升级租金绩效具有积极效应。

企业凭借自身的升级能力参与网络租金的分配过程，租金分配份额的大小决定了企业获取的升级"质""量"绩效。而租金分配份额的大小又取决于网络参与者在租金分配谈判中的力量博弈，即体现在定价权和讨价还价力量的动态博弈上，博弈标准是网络组织对企业的依赖程度或者企业对网络租金的贡献程度，以及企业承担的风险度。因此，依赖度越高或者贡献度越高，风险度越低，租金谈判力量越强，则租金绩效越优秀，更具备"质""量"升级即根植升级的特质。

下面，因循"租金能力—议价力量—租金绩效"的理论思路，具体分析三个层面升级能力与升级绩效的影响关系。

（1）资源位能力与升级绩效。①VRIO 资源位能力与升级绩效。同时，提升高资源位能力，从目前企业所拥有的模块创新、专利技术能力等向规则标准制定、平台资源整合等更高资源位的攀升也是本土企业高端升级的有效路径。②专用性资源位能力与升级绩效。企业资源位能力通过专有性资源位贡献攫取租金绩效，相对而言，更多的硬资源/有形资源占比的本土企业，则会面临专用性资源的投资风险。由于关系专用性资源的可逆程度较低，一旦面临谈判破裂，专用性依赖的"锁定"风险会削弱企业的讨价还价力量，不利于租金绩效。同时，国内学者近几年指出因关系专用性投资导致本土企业被套牢不断销蚀价值权力而出现的"伪升级"问题，主张本土企业实现价值网络攀升的关键是培育专有性资源位能力。

（2）创新能力与升级绩效。企业升级实现租金绩效必然要依靠技术创新能力提供源源不断的动力，从而改变资源位势差异，打破事前租金分配格局。影响技术创新能力绩效的因素为：①网络知识/资源丰富度。创新能效的前提基于组织智商，主张"包容"和"创新"的网络组织关系桥联起网络主体及其合作所形成的资源"域"，为知识和信息的流动提供渠道，即时输送价值创新补给。②网络联结密度。处于网络中心、结构洞等位置的企业拥有更多的关系渠道，可以获得和支配更多的资源和信息，因而能够促进创新和创新绩效（Tsai，2001；Kim & Park，2010）。③吸收创新能力。创新绩效的高低取决于企业自身对知识/资源的学习吸收能力（Cohen & Levinthal，1990）和开发创新能力。对战略相关资源的利用性和探索性创新能力，即企业与网络关系中的合作伙伴在顾客（相似统计口径下的共同顾客群体）、渠道、原料和供应商、工艺流程（相似的产品开发、制造和服务环节）以及技术知识库（专利权/知识产权、专有技术、市场研究）等某一个/某些领域有共同之处时，会有助于攫取更高的租金价值（Markides & Williamson，1996；Dyer et al.，2008）。

本土企业在所处的商业生态环境中搜索潜在的创新机会，识别并汲取创新价值资源（包括知识、信息与实体资源），不断进行适应性创新和突破性创新（Winter，2003），更新网络资源"域"，形成创新能效的螺旋式提升，解决升级能力的"刚性"问题（项丽瑶等，2014）。本土企业通过识别相关机会，进行知识创新、战略创新、产品创新、工艺创新、组织创新、营销创新和文化创新等（余东华、芮明杰，2008），或者进行网络资源的创新整合，开发和培育其他合作伙伴尚未形成的资源和能力，作为其自身 VRIO 资源的核心能力，且这种资源和能力相对于合作伙伴而言是有价值、稀缺和难以模仿的，就会降低伙伴企业在网络中的地位而提高自身的议价能力（王琴，2009），能够从网络合作中攫取更多的事后租金。

（3）市场垄断能力与升级绩效。市场垄断能力是契合或开发终端市场需求，联动消费价值主张从而做大做强市场的一种创新型市场势力，是升级绩效的直接动力。这种创新型市场势力的高低结构差异能够影响市场垄断租金的边界。Porter（1985）的研究表明，市场势力对企业利润有显著影响。此外，企业在所处行业的市场集中度也在一定程度上体现其市场势力的强弱，并会对其利润产生影响。价值链中相邻区段产业的相对市场势力是企业的相对市场集中度的函数，这也得到了很多实证研究的支持，Lustgarten（1975）和 Ravenscraft（1983）通过研究发现，行业的成本利润率与买方的市场集中度呈负相关。因此，市场集中度为实现定价决策及最大化利润提供了条件，市场集中度更高的一方在谈判中拥有改变价格的主要力量（孙凤娥，2013）。

第三篇

企业升级租金绩效的动力
机制与构建策略

企业升级是一个动态而连续的过程（毛蕴诗等，2010）随着企业升级实践和企业升级观理论的共同演化，企业升级绩效的内涵也在逐渐升级：从 Gereffi（1999）首次将升级绩效的内涵描述为"伴随着企业升级过程，本土企业绩效即创造和获得的价值量将逐渐增加"，相关理论研究开始关注价值总量的增加（初级层面，嵌入升级—价值总量绩效），后续研究转向注重价值增量的提升（中级层面，自主升级—价值增量绩效），再升级为重视价值增值的"质"与"量"（高级层面，柔性升级—价值增质绩效）。企业升级过程中所获得的价值增值程度是评判其是否处于全球价值链中高端的最基本落脚点（张杰等，2013）。然而以往的研究着重企业价值增值的"量"的程度，即在"价值总量绩效"层面和"价值增量绩效"层面，本质上都是对"量"的价值诉求，这种对"质"的价值主张的战略忽视使得企业不可避免地深陷"伪升级"窘境。学者梳理了相关研究，认为只有"数量"的升级而没有"质量"升级，不能实现真正的升级，并揭示了竞争优势与企业绩效的密切关系（程发新，2012；周玮，2018）。

随着升级绩效内涵的战略升级，需要进一步从租金的角度重点关注企业升级过程中的"价值增质"能力和"价值增质"绩效，这在理论界和实践中也已经越来越得到认可。

相应地，从升级绩效到升级租金绩效，如何从租金的角度界定升级租金绩效的理论内涵并解释其内部理论机制？影响租金绩效的资源位理论拓展框架有何变化？基于资源位理论拓展的企业升级租金绩效的动力要素、动力路径是什么？Gereffi 和 Lee（2016）认为正确的升级路径选择对避开升级悖论也起着关键的作用。如何应用动力要素、动力路径构建企业升级租金绩效的动力机制模型？如何运用模型和实证分析指导中国企业培育资源位优势，获取升级过程中的租金绩效？本篇将梳理相关文献，尝试深入探讨企业升级租金绩效的动力。

第六章　有关企业升级的
国内外研究现状

第一节　企业升级观与升级绩效、升级租金绩效

企业升级（Upgrading）的概念是 Gereffi（1999）最早明确提出的，并将其引入全球价值链的分析框架中，开创了在全球价值链中解释企业升级的全新理念。后续的 GVC 理论研究主要围绕着价值链治理和升级两个方面取得了显著进展，形成了 GVC 治理理念下的企业升级观，以及不同的企业升级观治理下的企业升级绩效研究。

一、GVC 视角下的企业升级观与升级绩效

全球价值链理论认为，企业升级是企业提升自身竞争力，从低附加值向高附加值的演化过程，是企业在全球价值链中的位置提升（Gereffi，1999；Humphrey & Schmitz，2000；Kaplinsky & Readman，2001；Poon，2004；Yang，2006）。在企业升级概念的界定下，企业所获得的价值增值程度成为评判其是否处在全球价值链中高端的最基本落脚点（张杰等，2013），形成了企业升级绩效的相关研究。现有文献对企业升级绩效的讨论主要体现在：企业竞争能力的提升，获得更高的附加值（Humphrey & Schmitz，2002；Eng & Spickett-Jones，2009；Kang et al.，2009；Gereffi & Lee，2012），以及价值链控制力的增强（Gereffi，1999；Giuliani et al.，2005）等。

西方主流理论主张"嵌入式"（Embeddedness）升级观，即发展中国家企业"嵌入 GVC 能够获得代工能力提升"，继而实现"GVC 升级"（Humphrey &

Schmitz，2000，2002），提出"工艺升级—产品升级—功能升级—价值链升级"四种升级方式（Kaplinsky et al.，2002），发展中国家通过在 GVC 中不断地学习和模仿，"逆向创新"（Jones，2011），逐步实现从 OEM 到 ODM 甚至是 OBM 的发展飞跃，最终升级为"链主"的升级路径（Lee & Chen，2000；Gereffi & Memedovic，2003）。然而，嵌入 GVC 角度的企业升级绩效表明，发展中国家企业是按照发达国家主导企业的全球战略意图在其规则标准下进行的仅限于产品与工艺的改良与创新等制造能力的提升，而培育技术创新动力的"高端攀升"行为必然会受到主导企业的打压。由于"嵌入式"形成的资产专用性和路径依赖的"刚性"与"风险性"，使企业被低端锁定，深陷"投入水平增加而单位收益下降"的贫困式增长困境（Kaplinsky & Morris，2000）。

国内外学者基于"嵌入式"升级已经充分体现出来的"悖论"本质，继而主张"自主式"（Self-dependency）升级观，即通过"自主技术创新""自主品牌构建"等，或通过自主构建价值网络（姚书杰、蒙丹，2014），实现突破性、跨越式的升级。立足本土市场规模扩张（Brandt & Thun，2016；戴翔等，2016）、培育国内价值链并实现均衡型价值链治理模式是促进中国企业升级的根本路径（刘志彪、张杰，2007）。然而，自主式升级观下的企业升级绩效已经表明，由于缺乏自主式升级动力和升级路径的较成熟的理论指引，发展中国家从事代工业务的绝大多数企业，忽视了自身现实基础与核心能力仍较薄弱的实际情况，要通过"自主创新""自建网络"实现一步到位甚至是跨越式的升级，风险与成本都远超出企业的承受能力，从而是近乎不可能的事情。"自主式"试图摆脱"嵌入式"的束缚，但是陷入了另一个"极化"升级误区（俞荣建、项丽瑶，2016）。

二、GVC 视角下的企业新升级观与升级租金绩效

基于本土企业升级前沿新现象与新趋势，学者提出价值链重构情境中的柔性策略，通过"自主性"技术创新或市场势力培育、积极在全球范围内进行价值寻源构建网络，实现杠杆式的渐进性升级，实现根植网络竞争优势的技术租金绩效和市场租金绩效（俞荣建、项丽瑶，2016）。各国制造企业成长轨迹以及我国大量企业案例也表明，企业升级实现"量"与"质"并举（Qureshi & Wan，2008；马海燕、熊英，2016）的关键是逐步实现竞争优势的根植，获取租金分配中的讨价还价力量。学者关注到企业升级战略层面的 GVC 权力位势

等，通过获取价值权力构建我国企业自主价值体系，可以实现竞争优势性的企业升级（俞荣建、吕福新，2008）。刘林青等（2008）从 GVC 中的战略租金层面构建了"租金—力量—绩效"的研究框架，认为租金区别于一般盈利，是企业的超额利润，企业层面的租金力量能够带来战略竞争优势性的租金绩效，推动企业升级。

从租金的角度来界定升级，以租金攫取份额衡量企业升级绩效的新升级观渐渐成为理论共识（Romero & Tejada，2011）。已有文献还未形成对"升级租金绩效"概念的统一界定，但是关注租金并关联企业升级、升级绩效的研究是近几年本土企业"质量"升级理论的新发展。Kaplinsky（2004）将经济租金引入全球价值链理论，"租金"作为理解价值权力的关键概念，在全球价值链理论中被描述为具备竞争优势的利润来源（Porter，1985；Teece et al.，1997；刘林青等，2008）。全球价值链背景下，企业存在和企业间结网合作的目的是创造租金并获取竞争优势，这一观点已得到越来越多的证据支持（Anand & Khanna，2000；Gulati et al.，2000；Kale et al.，2002）。租金创造和租金分配是价值治理的两大核心构件，租金攫取视角下的升级概念界定，不同于只涉及租金创造能力提升的以往升级观，其更加关注租金分配地位的提升，更符合本土企业的根本利益，是真正意义上的升级（项丽瑶等，2015）。

"升级租金绩效"在本书中是对企业升级绩效内涵的边界收敛与战略深化。虽然企业升级绩效内涵丰富，包括经济绩效的提升、价值链位置的提升与社会绩效的提高（龚三乐，2007；毛蕴诗、刘富先，2016），但由于 GVC 是以价值创造和价值分配为核心，因此 GVC 情境下的企业升级绩效在微观经济层面体现为价值攫取，强调全球价值链租金或收益分配份额的增长（温思雅，2015；马海燕、熊英，2016）。可见，升级租金绩效是从租金分配份额的角度关注企业升级的"质量"绩效，更加注重经济绩效的提升与价值链位置的提升。虽然近些年国内学者从租金角度研究企业升级能力的构建、知识获取与升级绩效问题（项丽瑶等，2014，2015；俞荣建等，2016；马海燕、熊英，2016），但是目前的升级租金绩效的相关理论研究尚不完善，也缺乏实证研究支持。因此，理解和界定升级租金绩效、揭示实现企业升级租金绩效的动力机制与实证研究亟须研究推进，这对中国制造业企业迈向全球价值链中高端具有重要的战略指导意义。

三、文献评述

以上文献综述表明，随着企业升级观的演化，获取价值权力和位势以实现中国制造业企业质量升级的治理理念逐渐清晰。从某种意义上而言，企业升级实质上涉及 GVC 价值治理。然而，传统的企业升级观和价值治理理论是割裂的，忽略了价值权力竞争的企业升级研究不可避免地会深陷"伪升级"泥潭。为了解决这个问题，本书首先需要理解 GVC 价值治理与升级的协同机制，引入具备"价值增质"属性的新升级观，以租金绩效衡量企业质量升级的绩效，探索升级租金绩效的内在理论体系，更好地匹配"中国经济已转向高质量发展阶段"的新时代需求。

第二节　资源位理论与租金绩效

资源、租金、竞争优势这三个相互关联的核心概念，推动了治理理论和企业绩效的研究拓展（丁涛，2013）。企业所占据和控制的资源反映其位势的高低，直接决定了企业在价值链中的竞争位势和租金获取力，这种体现租金力量的内在结构性变量就是企业的资源位，影响租金分配份额即租金绩效。

一、资源位的理论发展

资源位理论（Resource - Niche Theory）的提出源于生态位理论（Grinell，1924；Elton，1927）的启发。资源位是指在广义资源空间中，能够被某经济系统实际和潜在占据、利用或适应的部分（昝廷全，2000）。广义资源空间是指由多种广义资源因子所撑起的高维空间，广义资源不仅包括人、财、物等传统资源，还包括技术、信息、知识、关系资源等，这些资源按其形态可分为硬资源（如自然资源）和软资源（如信息资源），即资源位 = ｛软资源位，硬资源位｝（昝廷全，2003）。

战略关注视角从宏观经济系统逐渐深入到微观企业，由企业生态位（Hannan et al.，1977，1989；Baum et al.，1994）的研究演化形成企业资源位概念。所谓企业资源位，是指在广义资源空间中（无形资源、有形资源、组织能力），能够被该企业经济系统实际和潜在利用、占据或适应的资源存量和资源流量的总称，是企业具备竞争力的标志（昝廷全，2001；梁嘉骅，2002；刘建国和佘元冠，2007）。

资源位具有动态性特征。受到战略管理领域中的"既有"（Demonstrated）和"潜在"（Potential）概念，以及竞争优势的"流量"（Flow）和"存量"（Stock）属性的启发（赵世英，2008），企业资源位的结构包含实际资源位和潜在资源位两个方面，实际资源位指企业在当下的时间、空间内可以据之获取价值的资源，潜在资源位指企业在未来的时间空间内可以据之获取价值的资源（夏露，2012）。在静态时点上，资源位表现为资源存量，从长期来看，资源位表现为资源流量对存量的补充（刘建国，2008）。即企业资源位＝｛实际资源位，潜在资源位｝＝｛资源位存量，资源位流量｝。

在资源位理论的相关文献研究中，学者仅意识到企业资源位的动态性，提出了相关概念性描述，并没有进一步系统分析动态视角下的资源位结构，因此仍是资源位存量视角下的研究。

二、企业的资源位与租金创造

Dierickx 和 Cool（1989）在研究竞争优势时指出，资源位的高低直接决定着企业的价值获取力（竞争力），认为"强势资源位置"是企业竞争优势的源泉。资源位的差异，在战略管理文献中被描述为资源在价值创造性以及竞争优势上的差异。

按资源所蕴含的人类智慧含量程度的高低（高级化程度）进行划分（孙凤娥，2013）：第一类资源（R1），包括规则、标准、关系资源等；第二类资源（R2），包括技术、品牌、渠道、声誉等；第三类资源（R3），包括劳动、土地、自然资源等。第一类资源和第二类资源属于软资源/无形资源，第三类资源属于硬资源/有形资源。基于此，可将企业资源位划分为三类：高资源位（R1相对量较多）、中资源位（R2相对量较多）和低资源位（R3相对量较多）。高资源位构成企业的"强势资源位置"，形成相对于竞争对手的竞争差异化基础（Dierickx & Cool，1989）。战略观认为，企业的硬资源/有形资源一般不具有Barney 于 1991 年提出的 VRIO 特征，即价值性、稀缺性、难以模仿性和难以替代性，从而其创造超额利润即租金的潜力有限；而企业的软资源/无形资源具有更大的价值创造潜力（董必荣，2004）。因此，拥有更多软资源的企业资源位要高于拥有更多硬资源的企业资源位。

全球价值链背景下，企业为获取网络租金必然进行关系性投资，即目前理论界普遍认同的以硬资源/有形资源为主的关系"专用性"投资（Williamson，1975，1985；Klein et al.，1978）和以软资源/无形资源为主的关系"专有性"投资（Alchian & Woodward，1987）。所谓"专用性"特指专门为支持某一特定的团队生产而进行的持久性投资，并且一旦形成再改作他用，其价值将大跌。所谓"专有性"是指投资具有这样的特性，即一旦从企业退出，将导致企业生产能力下降、企业租金减少，甚至导致企业的解体，这种资产是企业所必需的，同时是难以替代的（杨瑞龙、杨其静，2001）。专用性投资和专有性投资会累积形成企业的两类资源存量，借鉴 Hoetker 和 Mellewigt（2009）以及 Miller 和 Shamsie（1996）的分类，分为实物型资源和知识型资源，由此形成 GVC 背景下企业的"专用性"（Specific）资源位和"专有性"（Exclusive）资源位。Zhan 等（2009）进一步指出，知识型专有性资源和实物型专用性资源之间的差异将会影响到企业的竞争优势。专有性资源位的知识型资源壁垒较高，是企业的 VRIO 资源，相较于专用性资源位的实物型资源更具有竞争优势和价值创造力。因此，专用性资源位较低，专有性资源位较高。

三、企业的资源位与租金分配

资源位的高低对企业租金绩效的影响机制和实证研究是战略管理领域和价值治理领域的热点和难点问题，近几年取得了研究新进展（青木昌彦，2001；Lavie，2006；Dyer et al.，2008；杨瑞龙、杨其静，2001；刘林青，2008；王琴，2009；孙凤娥等，2013，2016；于茂荐、孙元欣，2014；杨娟、阮平南，2015，2016；宗文等，2017）。

学者用"饼"的分配来隐喻租金分配（Dyer et al.，2008），企业价值权力越大，讨价还价能力越强，就能获得不断增加的价值链租金份额，获取更多利润（胡北平，2012）。王琴（2009）与刘林青等（2008）认为租金分配份额主要取决于企业所处的权力位势，提供关键资源的企业处于较高的权力位势，在租金分配时的谈判力较强，能分得较高的租金份额。形成"权力"的这种关键资源（Ulrich & Barney，1984）是 Barney 于 1991 年提出的 VRIO 资源（赵世英，2008），是企业的高位资源。孙凤娥（2013）提出了"资源位—谈判能力—租金分配"的研究逻辑，尝试揭开租金分配黑箱，在此基础上，孙凤娥等（2015）和杨娟等（2015，2016）建立数理模型、运用仿真等实证分析，进一步研究了"企业资源位的高低决定谈判力量并影响租金分配份额"的路径机制和实证测量问题。相关研究已得出，租金分配份额在较大程度上取决于资源位结构中的高位资源存量，学者基于权力论（Ring & Van de Ven，1994）、资源依赖理论（Pfeffer & Salancik，1978）和关系专用性依赖理论（Teece，1980）等，把企业的专用性资源位、专有性资源位与租金分配的"讨价还价力量"直接联系在一起，"专有性"资源位具备的价值性、稀缺性、难以模仿性和难以替代性会形成知识壁垒（Dyer & Hatch，2016），增强企业的谈判力量，"专用性"资源位的"刚性"特征和"锁定"风险反而会削弱企业在网络租金分配中的讨价还价力量（Teece，1980；杨瑞龙、杨其静，2001；孙凤娥，2013；宗文等，2017）。因此，企业的无形资源/软资源/知识型资源/专有性资源的存量水平越高，企业资源位越高，从而获取的租金分配份额即租金绩效就越多，已得到国内外学者的普遍认同，形成"资源—租金"绩效影响路径。

四、文献评述

（1）以上文献综述是按照资源位静态特征进行的租金分配研究，即实际资源位中的专有性资源位和专用性资源位的高低差异决定了企业的价值权力，虽然学者在资源位概念中有"潜在资源位"（昝廷全，2001）或"资源流量"（刘建国，2008）的动态性描述，近几年的租金分配研究中，学者也尝试使用研发能力作为衡量企业资源位高低水平的变量进行面板数据的实证分析（孙凤娥等，2015，2016），并取得了相应的理论进展，但目前大多数文献仍是资源位存量视角下的租金分配研究。实际上"租金分配本身也是一个动态的过程"（Coff，2010），在战略管理领域应用资源位理论分析时，学者指出必须构建一个完整的"资源""能力"和"租金"之间关系的分析体系和理论框架（赵世英，2008）。后续研究应将有助于提升资源位存量水平的"流量能力"纳入资源位理论拓展的分析框架中，资源位的租金绩效影响路径从"资源—租金"拓展为"能力—资源—租金"，其中这种"流量能力"是具有战略竞争优势的企业升级能力。

（2）已有文献Lavie（2006）和Dyer等（2008）提出了私有租金和共有租金概念，以及关系租金、网络租金的事前分配和事后分配原则，但本质上仍局限于围绕着异质性资源存量创造的"李嘉图租金"展开价值分配研究的，实际上租金创造的过程也是动态的（徐刘芬、纪晓东，2008；宗文等，2017），Makadok（2001）特别指出，基于资源的观点和基于能力的观点实际上代表了企业创造租金的两种不同机理。后续研究还应关注资源位结构的流量能力所创造的租金，包括源于动态能力的"熊彼特租金"和市场势力的"垄断租金"（Teece et al.，1997，2007），即 F（企业租金绩效）= F（李嘉图租金，熊彼特租金，市场垄断租金），进一步拓展资源位的租金绩效影响路径，形成资源位理论拓展框架下的租金创造和租金分配研究，以弥补目前内生性变量研究的不足使资源位理论不能较合理地解释企业质量升级的动力机制及价值获取力等问题。

第三节 企业升级绩效的动力与实证研究

企业升级的动力指的是推动企业升级的力量要素（龚三乐，2007），企业升级绩效的动力则指的是推动企业获得更高的附加值、提升竞争能力和提升价值链位置的力量要素。在推进制造强国战略，推动中国制造业企业高质量发展、迈向全球价值链中高端的现阶段，理论研究更加注重推动企业"质量"升级的内在动力要素与路径。然而，目前以 Schmitz 等为代表的学者更多研究全球价值链治理模式对企业升级的影响、动力机制及其途径等（Schmitz，2004），是企业间关系层面的分析。这些研究成果忽略了一个事实，即很多企业虽然未从全球价值链中获得资源，但是其升级的能力和进度却出人意料，企业内部要素对升级的影响几乎从未被给予详细的分析和讨论（李生校等，2009）。为此，以 Bell 和 Albu、Teece 和 Pisano 为代表的学者从关注企业核心能力和动态能力角度展开研究，揭开了从剖析企业内部要素对自身升级影响的序幕（张辉，2004）。这又引发了另一个值得深究的问题，企业升级到底有哪些内部要素、起着怎样的作用（李生校等，2009）。

因此，研究团队梳理企业升级的动力与绩效领域的相关文献，本书关注持续性推动企业"微观经济层面的租金分配份额增长"的内部力量要素，因为"租金的获取力已成为竞争优势的代名词"（丁涛，2013）。内部动力要素对企业长期升级具有战略意义。梳理得出基于资源观、能力观、权变理论、租金理论、权力理论、竞争优势理论等研究领域中出现的与升级、绩效密切相关的热词：资源与资源位、动态能力（研发能力、技术能力、创新能力）、市场能力（营销能力）、政府补贴，并按这些动力要素的文献进行论证。

一、资源与资源位

通过梳理文献得出对企业升级绩效具有直接推动影响的资源要素。其一，竞争优势和租金绩效与企业的资源密切相连，尤其是与企业的资源累积有直接关系（赵世英，2008）。资源理论最早认为，企业是资源组成的集合（Penrose & Pitelis，1959），即"资源束"（Rubin，1973），随后 Wernerfelt（1984，1995）、Barney（1986，1991）等的资源基础理论（RBT）在解释企业竞争优势和租金绩效方面的重要贡献受到了学者的广泛关注。Wernerfelt（1984）认为，企业内部的资源和知识的积累是解释企业获得超额收益、保持竞争优势的关键。张书军和苏晓华（2009）系统梳理了 RBT 的发展，认为存在两种研究路径：一是Wernerfelt 和 Rumelt 的研究将资源在企业间的异质性分布视为给定条件，指出创造经济租金是企业的本质所在，并讨论其对企业竞争力的影响；二是 Barney 主要关注企业资源获取或发展的过程，以及这种过程对企业异质性及租金的影响，因此 RBT 既是竞争优势理论也是租金理论，在 Peteraf（2003）看来，以价值创造来理解竞争优势更为可取。Ndohor 等（2011，2015）进一步通过实证方法验证了企业资源通过影响竞争优势从而提高企业绩效的路径。唐春晖（2015）选取全球生产网络背景下参与国际合作的中国本土制造企业为研究对象，通过问卷调查分析得出，企业自身拥有的资源状况对升级产生直接正向的影响。整体来看，资源理论解释了企业资源与企业绩效之间的关联性，并特别研究了资源与租金创造的相关性，以及企业持续竞争优势的来源及动因（郭斌，2002），具有升级动力效应。

其二，竞争优势和租金绩效的差异取决于企业的资源位存量差异，处于高位的战略关键资源是权力形成的源泉（Ulrich & Barney，1984）。Dierick 和 Cool（1989）将竞争优势的来源归于企业的"强势资源位置"，拓展了 Barney 的研究，即认同构成 VRIO 分析框架的"有价值""稀缺性""难以模仿""难以替代"的资源是企业获取持续竞争优势的基础，并将其称为企业的战略资源存量，关注资源位势的差异。实际上这与 Wernerfelt（1984）强调的"资源位势壁垒"（Resource Position Barriers）具有相似的内涵。Lachmanl（1981）认为企业的权力正是来自于知识型资源的稀缺性或者不可替代性（刘立、党兴华，2015）。

Newbert（2008）在研究中进一步得出，资源的"稀缺性"与"有价值性"等对企业的竞争优势有明显的正向影响，而竞争优势又会正向影响企业绩效。已有文献将企业资源划分为以下类别：无形资源和有形资源、软资源和硬资源、知识性资源和财产性资源或者专有性资源和专用性资源。其中，无形资源具有稀缺胜、不完全可模仿性和不完全可替代性，具有比有形资源更大的价值创造力（董必荣，2004；宗文等，2017）；相应地，软资源的竞争力量更强、更具"软实力"（又称为"软力量""软权力"）（Joseph，1990；昝廷全，2003；孙凤娥，2013）；学者强调企业的权力取决于占有的关键性战略技术知识资源（Teece，2006），知识资源不对称依赖会产生网络权力，具有高不可替代性知识资源的企业享有更大的网络权力（Pfeffer，1981；Gulati & Sytch，2007），这也得到了刘立和党兴华（2015）实证研究的验证；而基于实物投资形成的企业专用性资源会产生"专用性依赖"（Teece，1980），从而削弱租金分配中的价值权力（Dyer et al.，2008；姚书杰和梦丹，2014），项丽瑶等（2015）基于浙江企业的问卷调查检验了专用性资源的"伪升级"绩效影响，并指出专有性资源对升级租金绩效具有"锦上添花"的正向调节效应。因此，无形资源、软资源、知识性资源、专有性资源构成了企业的高位资源，是增强价值权力的必备要素，企业在经济生态中的资源位越高，相较于竞争对手越具有持续的竞争优势和租金谈判力量，租金绩效也就越多。在此理论共识基础上，学者进一步将研究视角聚焦于积累并加大企业的专有性、知识性资源位存量，关注"轻资产运营模式"，Liou 等（2008）、王智波等（2015）和谢莉娟等（2016）通过实证分析检验了这种"轻资产"与企业绩效的相关关系，为不同类型的企业培育竞争优势性的资源位结构以获取升级和租金绩效提供了理论建议。基于上述文献进一步得出，企业资源位越高，越具有持续升级的动力效应。

综合相关文献研究表明，资源和资源位对企业升级绩效具有直接的影响作用；处于资源高位的 VRIO 资源是推动企业质量升级、获取持续的竞争优势性租金绩效的企业内在动力要素；企业的资源位越高，升级动力越强。

二、动态能力（研发能力、技术能力、创新能力）

以 Teece 和 Pisano（1997）、Bell 和 Albu（1999）为代表的学者从关注企业动态能力的角度展开研究，揭开了从剖析企业能力要素对自身升级影响的序幕（张辉，2004）。通过对有关文献梳理发现，动态能力与竞争优势和企业升级绩效之间的关系可分为直接关系和间接关系。

间接关系。基于上述文献研究学者发现，"尽管RBT已经开始有动态化的倾向，大多后续的研究仍是静态的"（Priem & Butler，2001）。相对于资源，能力是以一种流量的形式体现出来的（Penrose，1959），而动态能力（Teece et al.，1997）的概念提出和理论发展是对资源累积动态性关注的结果（赵世英，2008），能力观是对资源观的有效补充。后续研究关注动态能力对改变企业的资源存量和质量的作用，认为企业的长期竞争优势源于动态能力所创造的资源结构（Makadok，2001；Teece et al.，2006）。Zott（2003）实证研究发现，动态能力与企业绩效不是直接关系，而动态能力可以通过改造企业的资源束和惯例来影响绩效。动态能力包含长期对专有资源的承诺（Winter，2003）。

直接关系。企业内部资源与能力往往被视为推动企业升级的物质基础和必要条件（吴作宾，2008）。Makadok（2001）认为，资源与能力的异质性能够解释企业绩效的差异，因为基于资源的观点和基于能力的观点实际上代表了企业创造租金的两种不同机理。动态能力能以多种方式对企业绩效产生积极的影响（Wilden et al.，2012），甚至是国家间的制造业能力差异也能够解释国家间收入差异的70%（Hausmann et al.，2011），制造业本身蕴含的生产能力和知识积累是国家长期发展绩效的关键（黄群慧、贺俊，2013）。Yeoh和Roth（1991）在研究美国处方药制药企业的资源与竞争优势之间的关系时，将企业资源分为资源和能力两个层次，并建立了"企业资源—企业能力—企业持续竞争力优势"研究框架。Helfat和Raubitschek（2000）通过案例研究验证了资源与能力对企业竞争绩效之间的因果关系。Bowman和Ambrosini（2003）特别提到考虑企业战略问题时需要将RBT和动态能力理论相结合。

国内外学者的实证研究较多地聚焦于具体的动态能力上（Ambrosini & Bowman，2009）。其一，Helfat（1997）认为研发是一种动态能力，实证研究中学者普遍认同研发投入与企业绩效存在正相关关系。Johnson和Pazderka（1993）通过研究美国及加拿大上市公司，得出企业的研发投入与企业价值之间存在显著的关联关系。何玮（2003）利用Cobb-Douglas生产函数研究了我国大中型工业企业研发支出对产出增长的影响作用。梁莱歌和张永榜（2006）在对高新技术企业进行问卷调查后发现，研发投入与主营业务利润率指标表现出相关性，对盈利能力与技术实力影响作用明显。愁云杰和魏炜（2016）基于倾向得分匹配法（PSM）实证分析了研发投入对企业绩效的正向影响在地区和企业性质等方面存在差异。其二，Meyer和Utterback（1992）认为企业技术创新能力对竞争绩效有着很强的正向影响作用。由此，技术创新在中国企业创新研究中得到了前所未有的重视（赵炎、刘忠师，2012）。龚三乐（2007）在全球价值链内企业升级的动力对绩效影响的实证研究中，着重关注能推动企业实现升级所需技术进步的力量要素，认为企业升级过程本身也包含技术创新的过程，先进的研发能力和创新能力是推动企业技术进步和升级的直接动力，选取广东东莞 IT 企业为样本，回归分析检验了上述假设。钱锡红等（2010）选取深圳企业为样本，进一步通过实证研究验证了国外学者提出的，企业在吸收外部技术和知识上存在能力差异导致了企业创新绩效的不同（Beaudry & Breschi，2003；Giuliani & Bell，2005）。刘芳和倪浩（2009）运用层次分析法，指出技术创新是升级的关键因素，并认为政府在推动技术创新的过程中大有可为（夏飞龙，2016）。孔伟杰（2012）基于浙江省制造业企业的大样本问卷调查，对中国制造业升级的影响因素进行实证研究，验证了创新能力和政府财政补贴的正向影响效应。

三、市场能力（营销能力）

梳理相关文献，在全球价值链中实现企业升级必须具备两方面的能力条件：一是动态能力的获取，二是特定市场渠道的进入（Humphrey & Schmitz，2004；毛蕴诗、郑奇志，2012）。虽然一些学者认为市场营销能力也属于企业的一种动态能力，但是相较于企业内部的资源和技术创新能力而言，市场营销能力是更加注重外部市场环境的一种权变能力，也是企业升级的关键能力（Yam et al.，2004），对企业获取升级绩效同样具有间接关系和直接关系。

间接关系。学者从外部市场选择的角度提出新的资源视角，基于外部市场环境和关系的权变能力会形成包括与消费者、合作者、渠道成员以及政府中介机构等的企业市场资源，即市场基础观（Market－based Resource View，MBV）（Griffith & Harvey，2001；Srivastava et al.，1998）。Simatupang（2013）认为市场基础观对资源基础观（RBV）形成有益的补充，并在解释企业绩效方面发挥重要作用。这种市场营销能力的流量累积会构建企业独特的竞争优势，形成基于商标版权壁垒、品牌优势、顾客服务满意度等的市场势力，从而能够为企业带来如品牌价值和商誉、渠道资源等独特的外部资源（毛蕴诗等，2016），有效提升企业的 VRIO 资源存量水平。需要解释的是，市场势力与垄断势力存在本质的区别，垄断势力源于政策的支持或其他原因的保护，市场势力则是企业在市场竞争中形成的优势地位（Young，2000）。Eisenhardt 和 Martin（2000）认为受到市场动态变化而构建的这种企业能力通过塑造资源位势影响企业绩效。唐春晖（2015）进一步通过对中国长三角地区的本土制造企业进行问卷调查研究得出，企业应充分利用和发挥全球范围内的客户关系、营销渠道、品牌声誉等资源的优势实现企业升级。

直接关系。企业内部的资源位构建和竞争优势的形成是一个长期过程，技术创新能力的培育也不是一蹴而就的，会面临巨大的研发风险，学者认为对大多数中国企业而言，摆脱价值链的低位不利格局不能盲目依靠向上游研发区段攀升，实际上，终端市场营销能力是价值链下游升级能力，能够给企业带来丰厚的消费者利润（张小蒂、朱勤，2007；宗文，2011）。尤其是在当前的互联网环境下，企业市场能力的培育和提升尤为关键。肖静华等（2016）认为，中国企业应借助需求规模、市场活力、互联网及大数据的智能制造体系与消费者之间的深度融合，构建企业智能制造转型升级的关键能力，通过"中间突破、两端发力"的转型升级路径，推动中国制造迈入世界制造的第一梯队。刘志彪和石奇（2003）指出，拥有市场势力的企业能够直接通过对产品价格的市场支配力量影响利润水平。胡大立和伍亮（2016）认为，市场势力是企业直接影响、控制市场变量以获得更多市场利益的能力，在当前全球价值链分工体系中，拥有市场势力的一方能够在市场定价上拥有话语权，主导利益分配。市场势力是企业迈向全球价值链高端的推动力（周庆等，2016）。

近年来，国内外学者的实证研究较为关注市场营销能力与企业升级绩效的相关关系、注重市场势力构建与高端化升级，并且大量文献并非单要素检验市场营销能力的升级功效，而是更多地探讨市场营销能力与技术创新能力、企业内部资源等多要素的整体升级功效。其一，Eng 等（2009）以中国电子制造业为例，检验了市场营销能力的维度对制造企业升级绩效的正向影响效应。唐春晖和曾龙凤（2014）通过一手资料采集和二手资料收集形成企业案例，应用扎根理论分析得出，市场营销能力为企业带来的战略性营销资源能够创造升级绩效。其二，部分学者认为市场能力属于广义动态能力的范畴，但多数学者在研究中更倾向于将这种注重外部市场环境的权变能力独立于狭义动态能力的研发能力或技术创新能力，并探讨多要素的整体升级功效。Schumpeter（1942）在其所提出的动态竞争理论中指出，市场势力是有效保护企业创新被迅速模仿和防止利润受到损害的一种竞争优势能力。Verona（1999）认为，技术能力和营销能力是企业竞争优势的主要构成要素，是企业升级的驱动因素。Humphrey 和

Schmitz（2002）指出，本土企业可以通过在全球生产网络中获取技术能力和市场能力以改善竞争能力，进而得以在全球价值链中从事高附加值活动。李生校等（2009）通过对浙江省各市县的纺织企业进行问卷调查和实证分析得出，技术能力和营销能力在控制企业规模的检验中都对企业升级存在显著正相关关系。严北战（2011）在升级研究中认为，链内领先企业的主要势力源泉包括异质性资源、技术创新能力和市场势力，结合梅丽霞和王缉慈（2009）的研究，进一步得出企业占据全球价值链高端的主要权力来源是技术能力领先与市场能力领先，提出了本土企业实现持续升级与竞争优势的市场能力和技术能力的提升路径。毛蕴诗等（2016）的两篇文献中，一篇采用单案例研究方法，揭示了企业的知识性资源和财产性资源与权变因素下的市场资源（社会资源）在升级过程中的互动关系；另一篇选取中国珠三角地区的制造型企业为样本，通过问卷调查和实证分析，验证了企业能力对升级绩效有显著的正向影响，并指出无论企业走技术升级还是市场升级的路径，最终都离开技术能力和市场能力的积累。

四、政府补贴

企业是一个开放的系统，基于资源依赖理论，发展中国家企业要实现成功升级，不仅取决于其自身的资源和能力，还会受到外部环境如政府资金支持等的影响（刘云芬、陈砺，2015）。尤其是面临第四次工业革命推动全球价值链重构的新情境下，在加快创新驱动以推进"中国制造 2025"和构造"本土企业"为链主的分工体系进程中（杜传忠、杜新建，2017），"政府补贴"作为重要的政府财政支持政策对研发创新和企业升级绩效的影响研究受到了理论界学者的广泛关注（Brander & Spencer，1983；Nola & Stephen，2010；Lee，2011；邹彩芬等，2014；曾萍、邹绮虹，2014；沈云竹，2017；莫凡，2017；王昀、孙晓华，2017）。

国内外学者对政府补贴和研发创新、企业绩效之间的影响关系目前尚未形成统一的意见。其一，"促进论"的相关文献表明：自主研发存在较大的外部性和风险性，容易出现市场失灵等一系列问题，基于凯恩斯经济学，政府宏观调控必不可少，最直接的是通过财政补贴方式激励企业的研发创新；政府补贴可以降低企业研发活动的成本和不确定性风险，进而缩小企业从事 R&D 活动的私人收益与社会收益的差距，使研发创新项目由原来较低的利润变得更加有利可图，促进技术增长和提高产出绩效，最终影响国家在全球范围内的国际分工地位（Lach，2002；Lee，2011；曾萍、邬绮虹，2014；宋林、乔小乐，2017）。Brander 和 Spencer（1983）强调尤其对高技术企业的政府补贴会激励 R&D 发展。Mahmood 和 Rufin（2005）认为特别是对于创新能力较薄弱的发展中国家而言，政府支持会刺激企业创新发展，推动国家创新水平的提高。Nola 和 Stephen（2010）利用 1994~2004 年爱尔兰和北爱尔兰的实证数据进行比较，在企业创新的基础上加入了附加值、额外生产值和新产品附加值三种效果作为新的被解释变量，认为政府补贴会对四个变量产生影响。于斌斌（2012）采用数量生态学中的进化博弈模型，研究发现政府研发补贴对传统企业向"创新型"企业"种群"方向演化具有催化作用。王昀和孙晓华（2017）利用广义倾向得分匹配法从微观层面考察了政府补贴驱动工业企业转型升级的作用机制，结果表明政府补贴有利于提高企业研发投资，但工业企业的行业整体创新投入水平依然较低，尚未发挥推动转型升级的预期作用。其二，"非促进论"的相关文献表明，忽视政府补贴的对象性质、行业特征、地区差异以及补贴强度等因素，都可能抑制企业的研发创新或对技术产出绩效失效。Wallsten（2000）和 Clausen（2009）的研究表明，政府补贴会对企业的研发投入产生"挤出效应"，负向影响企业的创新绩效。杨其静（2011）采用差异竞争模型研究得出，过高的政府补贴会使企业热衷于迎合政府进行"寻补贴"的活动，加强政治关联，从而忽视自身能力建设，不利于企业长期的经营绩效。王一卉（2013）从所有制、企业经验与地区三方面的差异性角度，深入分析政府补贴、研发投入与创新绩效的关系，得出实证结果，即政府补贴导致国有企业创新效率的下滑，尤其是对经验匮乏的企业，政府补贴在研发投入与创新绩效之间起到负向调节作用，这种作用在经济欠发达地区更为明显。

整体来看，国内外学者的大量研究和我国政府行为仍然倾向于政府补贴能够促进研发创新和企业绩效。但是，本书对企业升级租金绩效的动力要素的研究重点并不着力论证政府补贴对研发创新和企业绩效的直接或间接影响，而是关注政府补贴在路径中的"调节效应"。这是因为，学者邹彩芬等（2014）、宋林和乔小乐（2017）基于相关的实证研究文献指出，政府补贴无论是实质性补贴还是 R&D 形式等的补贴，都会带来利润的增加；同时，大量"寻租"行为的存在，也说明了政府补贴是当期利润的"及时雨"。因此，反映在相关关系的实证研究中，由于政府补贴带来了大量的资金流入，为企业绩效带来会计指标上的正面影响，简单的相关关系验证可能对本书的企业升级租金绩效的动力机制研究意义不大。近些年，学者开始关注到政府补贴的调节作用。钱俊明

（2014）分析了 52 家生物医药类上市公司 2011～2013 年的数据，发现政府补贴在研发投入和创新绩效之间起到调节作用，并能够正向激励企业的创新绩效。基于以上分析，本书不仅需要重点关注促进企业质量升级和获取租金绩效的自身动力要素，还必须重视当前加快发展智能制造并推动经济高质量发展的关键时刻，政府补贴对不同行业、不同资源位水平的制造业企业在其研发升级绩效影响路径中起到不同的调节效应。

关于动力要素的研究还有很多，为便于后续研究，课题组梳理了近 10 年来企业升级绩效的动力研究领域中具有代表性的热词（见表 6-1）。

表 6-1 企业升级绩效的动力要素研究

文献	动力要素	研究方法
Dyer 等（2006，2008）	关系专用性资源	固定效应模型
Kang 等（2008）	关系专用性资产	结构方程模型
刘立等（2015）	知识性资源	结构方程模型
王国才等（2013）	知识专用型资源、实物型专用性资源	结构方程模型
项丽瑶等（2015）	关系专有性资源、关系专用性资源	结构方程模型
Liou 等（2008）	轻资产	主成分分析法
王智波等（2015）	轻资产（固定资产占比、销售费用占比）	动态面板模型
孙凤娥（2013）	企业资源位（高资源位、中资源位、低资源位）	寡头博弈模型
Humphrey 等（2002）	技术能力、市场能力	—
唐春晖等（2014，2015）	资源、能力（制造能力、技术能力、营销能力）	扎根分析法/结构方程模型
毛蕴诗等（2015，2016）	知识性资源、财产性资源、社会资源（市场资源）、营销能力、研发能力	案例分析法/结构方程模型
李娜（2017）	企业生态位（资源位、技术位、市场位、制度位）	突变级数法
俞荣建等（2016）	知识资源、技术能力、市场营销能力	—
Eng 等（2009）	营销能力	结构方程模型
段宵等（2015）	市场份额	固定效应模型
李生校等（2009）	技术能力、营销能力	结构方程模型
Yeh 等（2011）	研发强度	门槛模型
龚三乐（2007）	技术创新能力	多元线性回归
Azadegan（2011）	创新能力（探索性创新能力、利用性创新能力）	结构方程模型

文献	动力要素	研究方法
龚锋等（2016）	技术能力、市场能力	—
赖红波等（2013）	技术能力、品牌能力	问卷/调节效应模型
Song 等（2005）	技术资源、市场资源	结构方程模型
王昀等（2017）	政府补贴	广义倾向得分匹配法
宋林等（2017）	政府补贴、研发投入	门槛模型
孔伟杰（2012）	创新能力、市场力量、政府财政支持	结构方程模型

资料来源：笔者梳理文献自行整理。

第四节　文献评述

（1）以上文献综述主要是结合企业升级、企业绩效以及企业升级绩效的动力所作的研究综述，一方面，由于企业升级绩效的内涵并未统一，目前多数文献是围绕单目标动力（如关键资源或关键能力）的升级展开研究的；另一方面，尽管已有文献提出了企业升级是一个动态演进的过程，但静态和比较静态的相关关系研究仍然占据主导地位。本书关注企业"质量"升级的租金绩效攫取动力问题，而企业从较低资源位向较高资源位的动态升级是推动企业质量升级和获取长期竞争优势性租金绩效的实质，这涉及实际资源位的静态资源动力和潜在资源位的动态能力动力，但目前还未形成企业攫取升级租金绩效的完整的动力体系框架，更缺少整体的内在动力要素研究，对企业升级租金绩效的动力路径还很不清楚，需要进一步的研究予以解释。本书需要借鉴和融合企业升级绩效和租金分配的相关研究，拓展出多维的"动力要素"和"动力—租金绩效"的路径。

（2）由于企业的研发创新过程常常会面临较大的不确定性风险和市场失灵问题，国内外学者关注到发展中国家的"政府补贴"在促进企业研发创新中的激励效应。党的十九大报告提出要更好发挥政府作用，使资源配置在市场中起决定作用，本书在推进企业质量升级的动力体系构建中，充分重视政府补贴这一变量在动力路径中的调节作用，并进行实证检验。

（3）对动力要素影响企业升级绩效的实证研究需要加强。前期文献的实证研究大多是对截面数据或一手数据的静态相关关系研究，虽然近些年相关文献的实证研究开始使用动态时期内的面板数据进行回归分析，但是理论框架的不完善以及部分要素变量较难准确测量等原因，多数研究仍局限于检验单维动力要素的升级绩效目标。本书关注积极参与价值链网的节点企业，并将视角聚焦于企业内部动力机制的探讨，构建企业升级租金绩效的动力机制模型并相应建立计量模型进行实证研究。在实证研究上，需要样本及其数据的完备性、长期性，能够体现具备长期竞争优势的租金绩效升级命题。检验过程需分层次、分阶段展开，检验完整的动力要素与企业升级租金绩效在动态时期内的相关性、调节效应以及动力作用路径，得出模型的广谱性解释机制。此外，由于企业资源位本身具有高低差异，应考虑使用门槛模型，进一步检验样本的不同资源位水平对企业升级租金绩效的动力机制及其提升路径。针对门槛回归分析的结果分组出处于高资源位的样本企业，归纳得出高资源位企业在年份、地区上的空间差异和规律，以及获取竞争优势性租金的动力要素成功基因，更好地提出推动企业质量升级的政策建议。

第七章　企业升级租金绩效的动力机制：理论分析与研究假设

第一节　企业升级租金绩效的理论体系

基于国内外研究，从租金的角度界定企业升级和升级租金绩效，探讨全球价值链新升级观下升级租金绩效的内在理论体系。

一、升级租金绩效的内涵

实现"质"与"量"并举的企业绩效（Qureshi & Wan，2008；马海燕、熊英，2016）是企业具备竞争优势性升级动力和真正迈向全球价值链中高端的指示器。这种"质"的绩效在战略管理领域被定义为竞争优势并与租金密切相关。租金是区别于一般盈利的长期获利能力，在全球价值链理论中被描述为具有竞争优势的利润来源，租金绩效正是企业的"质"绩效和"量"绩效。近年来，学者主张从战略层面关联租金与企业升级问题，然而传统的企业升级观和租金价值的治理理论是割裂的，不能较好地解释和界定升级租金绩效问题，影响后续研究的有效开展。因此，本书需要突破价值治理和升级理论割裂的研究维度，从租金的角度明晰企业的升级租金绩效内涵，体现在以下几点：

第一，理论上融合租金价值治理与企业升级研究，明晰企业升级的租金属性。①Gereffi 等（2005）的 GVC 治理理论具有代表性和影响力，提出 GVC 价值治理具有价值创造和价值分配二大核心要件，相应地，理论学者普遍认同租金价值治理包括租金创造和租金分配双构件。租金价值治理的绩效体现为租金分配份额，企业实质性升级的最终落脚点是价值增质的绩效即租金绩效，二者围绕租金在企业升级和价值治理研究中的战略理念高度融合。②在内容构件上二者具有协同效应。企业升级包括升级能力和升级绩效两大构件：一方面，"价值增质"的升级能力涉及租金创造（Romero & Tejada，2011）；另一方面，作为能带来升级的能力，在租金分配绩效上具有显著优势（Athreye，2005）。企业升级具备租金创造和租金分配的双重属性，分别体现在升级能力和升级绩效两个核心要件上，具有租金价值治理的协同效应。

第二，从租金角度界定新升级观，明晰企业升级租金绩效的内涵。①"租金—升级"协同范式下，拓展价值治理的双核心，即租金创造和租金分配与协同升级能力和升级绩效，引入具备"价值增质"属性的新升级观，即"价值增质"的能力是企业升级能力的本质内涵，具备租金创造功能，实现的"价值增质"绩效（升级租金绩效）具备租金分配功能。②从租金角度界定企业升级，赋予了升级新的内涵。借鉴 Gereffi（1999）的升级绩效内涵，将企业的升级租金绩效内涵描述为："伴随着企业的质量升级过程，企业创造租金和获得的租金分配份额将逐渐增加。"升级租金绩效是企业迈向全球价值链中高端的评判器，也体现了具备竞争优势性升级动力的内涵。更加关注租金分配地位的提升，还要涉及租金创造能力的提升，相较于以往的升级绩效内涵，更符合本土企业的根本利益，是真正意义上的升级绩效（项丽瑶等，2015）。

二、升级租金绩效的内部理论机制研究

企业升级不会自动发生（毛蕴诗和刘富先，2016），升级绩效也不会自动实现，从租金角度界定新升级观的同时，也为解释升级租金绩效的内部实现机制和发生机制提供了新的理论研究基础，体现在以下几点：

第一，揭示升级租金绩效的内部实现机制。实现租金绩效是企业升级的终极导向，目前升级绩效研究的内在理论机制研究仍然存在"黑箱"，需要在"租金—升级"协同范式下探讨内部实现路径和治理机制：租金创造能力协同构建起升级能力，而同时具备租金创造属性的升级能力通过生成租金分配中的讨价还价力量，获取租金分配份额的提升即实现升级绩效，即"租金创造→升级能力→租金分配→升级绩效"的内在实现路径。

第二，揭示升级租金绩效的内部发生机制。"租金—升级"协同范式下还需进一步探讨实现升级租金绩效的发生机制和发生"源"：发生"源"要素→租金创造，发生"源"要素→租金分配，围绕具有租金属性的动力要素实现升

级租金绩效的发生机制进行探讨，可以揭示何种要素能有效驱动质量升级和实现升级租金绩效。

第二节　企业升级租金绩效的动力机制的理论分析

本书基于资源位理论框架研究了企业升级租金绩效的动力要素与路径。已有国内外文献关于企业升级绩效的动力研究相对较少，学者主要从外部和内部两个视角展开研究，聚焦于企业内部动力要素对升级绩效影响的相关理论目前还不完善，而这也正是发展中国家企业亟待完善理论以指导实践培育自身升级动力、实现竞争优势的迫切需求。由于升级绩效的内涵并未统一，关注企业内部动力要素的研究内容又主要集中于技术创新能力或某个要素上，缺乏驱动企业升级并获取租金绩效的动力机制全貌式研究（龚三乐，2007；程虹等，2016），所以本书需要着重对此进行较为深入和全面的理论探讨。

一、资源位理论拓展框架与租金绩效的逻辑关系及升级机理

战略学者认同租金与竞争优势性绩效密切相关（Porter，1985；Teece et al.，1997，2007），又将竞争优势的来源归于"强势资源位置"（Dierick & Cool，1989），即企业的资源位，这一体现内在资源结构和位势的变量。资源位理论将视角聚焦于企业内部要素，从资源基础观解释了资源位势是形成企业间竞争差异化的基础；从资源依赖角度解释了企业所占据和控制的资源反映其位势的高低并由此决定了租金价值获取力的大小。因此，基于资源位的视角研究企业的租金分配/租金绩效及其影响要素，是近些年的理论关注热点和难点问题，并取得了相应的研究进展（孙凤娥等，2013，2015，2016；杨娟等，2015，2016；项丽瑶等，2015）。

由于企业升级本身具有动态性，而且租金创造和租金分配过程也是动态的，因此，本书首先需要对资源位理论框架进行拓展，完善其对租金绩效的作用路径；再协同"租金—升级"治理范式，探讨基于资源位理论拓展的企业升级租金绩效的动力要素；最后协同构建企业升级租金绩效的动力路径并阐析作用机理。本书的资源位理论拓展框架与租金绩效的逻辑关系及升级机理如图7-1所示。

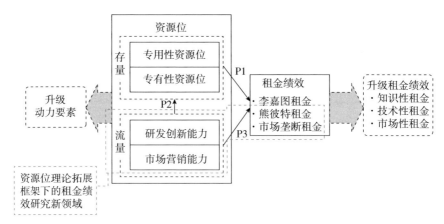

图 7-1　资源位理论拓展框架与租金绩效的逻辑关系及升级机理

二、基于资源位理论拓展的租金绩效研究

（一）资源位理论拓展框架研究

在资源位理论的相关文献研究中，企业资源位是一个具有明确直观含义却又不易精确把握的概念，它主要是指一个企业在其经济发展过程中与其他企业相比较，争夺、动员、整合和转化的各种资源的总和（吴殿信，2011）。学者意识到资源位的动态性，提出了相关概念性描述，在某时刻企业资源位的大小取决于企业该时间刻度上的实际资源位存量、潜在资源位流量（昝廷全，2001；刘建国和佘元冠，2007）。即企业资源位＝｛实际资源位＋潜在资源位｝＝｛资源位存量＋资源位流量｝。但是，目前资源位理论的相关文献中，较多的仍是资源位存量视角下的研究，并没有明晰动态视角下的资源位结构，需要进一步研究拓展：

1. 资源位存量结构

学者普遍认同的企业资源位可以表述为：企业资源位＝｛企业硬资源位，企业软资源位｝。全球价值链背景下，企业参与网络分工获取关系租金必然会进行关系性投资（Dyer et al.，2008），专用性投资如厂房、土地等和专有性投资如专利、技术等，会累积形成企业的两类资源存量，分别为实物性资源和知识性资源（Miller & Shamsie，1996；Hoetker & Mellewigt，2009）。由此将 GVC 背景下的企业资源位划分为两类，专用性资源位和专有性资源位：企业资源位 = {企业专用性资源位，企业专有性资源位}；专用性资源位 = {厂房，土地，设备，原材料……}；专有性资源位 = {专利，技术，品牌，商誉……}。

2. 资源位流量结构

资源位具有动态性，资源位存量优势会随时间推移而改变，资源位流量补给能力会改变和提升企业的资源位存量。已有研究表明，企业的资源位存量优势主要取决于其拥有和占据的高位资源，即企业的专有性资源位越高，获得优异于竞争对手的位势差异越大，体现为其专利、技术、商誉等 VRIO 资源的价值创造力越大。在对相关文献进行梳理的基础之上本书得出，通过两方面的流量补给能力能够有效提升企业资源位存量优势，即研发创新能力和市场营销能力，描述为：企业资源位流量 = {研发创新能力，市场营销能力}。其一，从时间维度上看，企业资源位存量优势是短暂的，不仅受到内部资源效能的消耗影响，还会因网络合作不可避免地溢入、溢出知识资源，必须通过技术或知识的创新和模仿来打破现有的资源位格局，获得相对于竞争对手的先发优势（刘林青等，2008）。研发创新能力作为提升企业知识性资源水平的动态能力已得到理论学者的普遍认可。其二，近些年学者从外部市场的角度提出新的市场资源观以作为对传统资源基础观的补充（Griffith & Harvey，2001），因此基于市场营销能力而形成的客户关系、渠道、品牌等外部市场资源，是对企业独特的、有价值的资源存量优势的有效补充。由此，初步构建本书的资源位理论拓展框架（见图 7-1），企业通过其资源位流量能力，从技术和市场两个方面动态改变和提升资源位存量优势。

（二）资源位理论拓展视角下的租金绩效影响路径研究

在尝试拓展资源位理论的基础上，需要进一步探讨资源位存量、资源位流量能力影响企业攫取租金绩效的路径。首先这涉及租金创造，需要明晰企业层面的租金类型，梳理相关文献，学者在租金和升级的研究中普遍采用 Teece 等（1997，2007）提出的企业层面的三类租金：凭借独特性资源优势创造的"李嘉图租金"；依靠技术/知识的研发创新而创造的"熊彼特租金"或称为"创新租金"；基于市场竞争形成的市场营销势力所创造的"市场垄断租金"。其次探讨影响不同类型租金的路径。具体体现在以下几点：

第一，"资源位存量—租金绩效"路径研究。企业竞争优势的资源观研究，注重企业资源与企业绩效之间的关联性（郭斌，2002）。可以说，价值创造首先依赖于企业自有的资源条件和可控制的资源。学者将企业的资源存量创造价值的能力称为资源位能力（刘建国、佘元冠，2007），根据资源位存量结构，企业的资源位能力进一步分为两类，即专有性资源位能力和专用性资源位能力。已有有关租金分配/租金绩效的研究表明，专有性资源位能力凭借 VRIO 资源所创造的租金价值更大，相较于专用性资源位能力对企业的租金绩效贡献更显著，是企业获取"李嘉图租金"绩效的最根本路径（见图 7-1 中的 P1 过程）。

第二，"资源位流量能力—资源位存量—租金绩效"路径研究。一是企业的租金绩效在较大程度上取决于其高位资源存量，必须通过不断地开发创新以保持和加大与低资源位企业的位势差异，研发创新能力能够在动态时期内为企业创造独特的资源并获取超越竞争对手的定价优势和租金力量，生成优异于对手的"李嘉图租金"。二是市场营销能力会累积形成企业在品牌、顾客、渠道等方面的独特竞争优势，为企业带来有价值的、稀缺的、不完全可模仿的、在战略上难以被竞争对手所复制的外部资源（毛蕴诗等，2016），Simatupang（2013）认为这种来自外部市场的独特性资源在解释企业租金绩效方面发挥重要作用。由此构成了企业获取源自技术和市场的李嘉图租金绩效的动态路径（见图 7-1 中的 P2 至 P1 过程）。

第三，"资源位流量能力—租金绩效"路径研究（见图 7-1 中的 P3 过程）。Makadok（2001）认为，来自技术、知识等研发创新的动态能力往往使企业能够在一个较长期的动态成长过程中获得优越的知识甄别能力、资源筛选能力、讨价还价能力等核心能力，直接攫取创新/熊彼特租金。基于客户关系、渠道、品牌等方面的市场营销势力，是企业在终端市场的直接定价权，能够攫取市场垄断租金。

三、基于资源位理论拓展的企业升级租金绩效的动力要素与路径研究

（一）从基于资源位理论拓展视角下的租金绩效研究到影响企业升级租金绩效的动力要素

从基于资源位理论拓展的租金绩效研究可以得出，资源位的存量要素和流量要素是影响企业租金绩效的力量要素，分别为企业的资源要素和能力要素。由于企业的资源位有高低之分，资源要素则包括较高位资源即专有性资源要素、

低位资源即专用性资源要素。能力要素也包括两类，即研发创新能力要素和市场营销能力要素。"租金—升级"协同治理范式下需要进一步明晰影响企业升级租金绩效的动力要素并探讨其升级动力效应，体现在以下几点：

1. 专有性资源和专用性资源动力要素

企业结网合作本质上是创造和获取"李嘉图租金"（Lavie，2006），凭借其专有性资源和专用性资源的优势能够为企业创造更多溢价的"李嘉图租金"，表现出"价值增质"的能力更强，是最根本的升级动力。Dyer 等（2006，2008）在研究中，采用固定效应模型检验关系专用性资源的绩效作用。近几年国内学者关注因专用性投资导致企业被套牢不断销蚀价值权力而出现的"伪升级"问题，主张发展中国家企业实现价值链攀升的关键是培育和提升专有性资源位。项丽瑶等（2015）在关系专用性投资的全球价值链升级功效研究中，采用浙江本土代工企业 146 个二元代工关系层面调查数据进行实证研究表明，关系专用性投资通过关系建构，有助于本土企业的关系租金攫取，具有"升级"效应，但同时会导致权力销蚀，即当代工能力具有较高的专有性水平时，升级效应处于主导地位，反之则伪升级效应处于主导地位。研究分析指出，"升级"抑或"伪升级"的枢纽，在于本土企业是否具备专有性能力，即具有稀缺、不可模仿、可以控制的核心能力，国际旗舰厂商对本土企业存在关键的资源依赖，更换供应商的难度大、成本高，则与本土企业建立长期导向的伙伴关系更符合其战略利益，关系双方相互信任、共同承诺，在关系租金分配上互利互惠。

2. 研发创新能力动力要素

企业实现升级租金绩效必然要依靠研发创新能力提供源源不断的动力，这是价值链上游升级的技术研发动力，能够驱动企业智能升级。发展中国家要摆脱低端发展困境必须开发核心技术，以核心技术的质与量形成的技术权力、技术势力会驱动企业从价值链低端走向高端，影响租金的获取（林兰、曾刚，2010；胡大立、伍亮，2016）。在明确其对驱动企业升级的显著影响的基础上，需要进一步探讨研发创新能力通过培育或引进高端资源获取租金力量或者直接影响升级租金绩效攫取的动力效应。

3. 市场营销能力动力要素

市场营销能力是发展中国家企业在终端市场的升级动力，也是目前培育国内市场、激发市场需求以突破制造业低端锁定的重要途径（杜传忠等，2016）。尤其在当今互联网商业模式中，依靠市场创新形成"社群隔离"连接红利，是实现市场势力并攫取超额商业红利的重要力量（罗珉、李亮宇，2015）。市场势力是企业高端化发展的推动力，与核心技术和创新能力互促共生，也是获取更多市场利益的能力（严北战，2011；胡大立、伍亮，2016）。在明确其对推动企业升级的显著影响的基础上，需要进一步探讨市场营销能力通过改变资源位势差异获取租金力量或者直接影响升级租金绩效攫取的动力效应。

此外，政府补贴是当前国际国内经济新形势下推动中国企业更好应对新工业革命的重要助推器。在新一轮工业革命带来全球价值链重构的时机下，中国制造业企业要实现新技术革命中高新技术的持续更新换代，需要大规模的研发资金投入，尤其在内源性技术创新的起步阶段，政府的资金支持有利于企业攻克新技术、吸引高技术人才，促进制造业摆脱低端锁定状态（杜传忠等，2016；杜传忠、杜新建，2017）。在企业研发创新的文献中政府补贴变量越来越受到研究关注，尤其是发展中国家常常采用政府补贴的形式来激励企业研发创新，我国制造业获得的政府补贴也远高于其他产业。因此在明确其对助推企业升级的显著影响的基础上，需要进一步探讨政府补贴在研发创新动力要素与升级租金绩效影响路径中所发挥的调节作用。

（二）基于资源位理论拓展的企业升级租金绩效的动力路径研究

结合资源位理论拓展视角下的租金绩效影响路径和企业升级租金绩效的动力影响要素，需要进一步分析企业升级租金绩效的动力路径，体现在以下几点：

第一，构建直接影响企业升级租金绩效的动力路径。以 Bell 和 Albu、Teece 和 Pisano 为代表的学者从关注企业核心能力和动态能力角度拉开了序幕，通过梳理企业升级绩效的动力要素研究文献发现，资源要素和能力要素是企业升级最直接最根本的内在动力要素。强势资源位势作为企业竞争优势的来源，驱动企业质量升级并攫取升级租金绩效，形成企业高资源位的资源要素和能力要素会创造升级过程中知识性租金、技术性租金、市场性租金，形成直接影响企业升级租金绩效的动力路径。

因此，本书从以下几个方面分析：一是分析"资源—升级租金绩效"的根本动力路径，探讨专有性资源和专用性资源凭借其独特的、稀缺的资源优势，如何影响升级过程中的议价能力从而获取"知识性租金、稀缺性租金"（罗珉，2008）。二是分析"研发创新能力—升级租金绩效"的直接动力作用路径，探讨研发创新能力作为企业升级的核心能力，如何强化升级过程中的议价能力从而获取"技术性租金"的动力路径机制。三是分析"市场营销能力—升级租金绩效"的直接动力作用路径，探讨市场营销能力基于市场竞争所形成的市场势力，如何强化升级过程中的议价能力从而获取"市场性租金"的动力路径作用机理。

第二，构建间接影响企业升级租金绩效的动力路径。升级的动态性决定了维持资源位存量优势的过程也是动态的，通过能力要素的动力作用会形成间接影响企业攫取升级租金绩效的路径。本书从以下几个方面分析：一是分析"研发创新能力—资源—升级租金绩效"的动力路径，探讨企业如何通过研发新产品、新技术、新工艺等提升其专有性资源和专用性资源水平从而影响升级租金绩效攫取的动力路径机制。二是分析"市场营销能力—资源—升级租金绩效"的动力路径，探讨企业如何通过在市场开发、品牌优势等方面的能力提升其专有性资源和专用性资源水平从而影响升级租金绩效攫取的动力路径作用机理。

第三，构建政府补贴发挥调节作用的动力路径。本书从以下几个方面分析：一是分析政府补贴在"研发创新能力—资源"动力路径中的调节作用，探讨政府补贴在激励企业研发创新以增强资源位优势从而获取升级租金绩效的路径中是否发挥着积极的调节作用。二是分析政府补贴在"研发创新能力—升级租金绩效"动力路径中的调节效应，探讨政府补贴在激励企业研发创新以直接攫取升级租金绩效的路径中是否发挥着积极的调节作用。

第三节　企业升级租金绩效的动力机制：理论模型与研究假设

（一）企业升级租金绩效的动力机制理论框架

"租金—升级"协同范式下给予了升级租金绩效内涵的新界定，丰富了内在理论体系，"价值增质"属性的企业升级研究启发了从资源能力与租金价值的影响机理来探讨以资源位为视角研究企业升级租金绩效的内在动力机制。本书从上述"资源位理论拓展框架与租金绩效的逻辑关系及升级机理"推演并明晰企业升级租金绩效的内在动力要素及动力路径，构建本书的企业升级租金绩效的动力机制理论模型，如图7-2所示。

与图7-1相比，图7-2中现有的模型具有如下几点显著性：

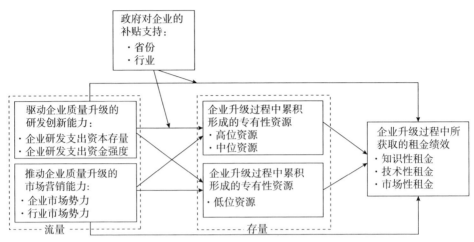

图7-2　企业升级租金绩效的动力机制理论模型

①考虑了企业升级和租金绩效本身的动态性，明晰了理论研究路径是：基于资源位理论拓展的视角从对企业租金绩效的研究拓展为协同探讨企业升级租金绩效的问题。②相较以往较多关注"专有性、专用性资源位—租金绩效"的静态式研究，拓展出协同范式下的"资源—升级租金绩效""能力—升级租金绩效""能力—资源—升级租金绩效"的多维升级动力路径，影响企业升级租金绩效的动力要素间的关联关系也更复杂。③政府补贴作为调节变量放入研发创新能力的作用路径中，其更加多元化。④模型对动态攫取企业升级过程中的租金绩效具有更强的解释力。

（二）研究假设

本书在前述篇章的逻辑推理和机理研究基础上，一是明晰了内在动力要素，即由专有性资源动力要素和专用性资源动力要素、研发创新能力动力要素、市场营销能力动力要素构成企业内在升级租金绩效的动力要素。二是理解了动力要素推动企业升级的内在机理。三是把握了各动力要素间相互作用、相互协调形成动力路径推动企业"价值增质"式升级。

基于"租金—升级"协同治理范式，从资源位理论拓展视角研究企业升级租金绩效的动力要素影响机制，通过进一步文献研究和理论挖掘，形成11个研究假设，如表7-1所示。具体如下：

嵌入全球价值链网的中国企业在订单分工关系中会进行各种投资，关系专用性投资在一个时期内形成企业的专用性资源和专有性资源。其中，专有性资源具有知识性资产属性，专有性资源会影响租金力量，从而影响获取升级租金绩效，是具有价值增质属性的升级动力要素，推动企业"价值增质"式升级。专有性资源是企业"价值增质"式升级的内在动力要素，专有性资源会影响生产网络的价值博弈关系，正向影响企业升级过程中的租金绩效效果。同时，源于诸如设备、厂房等专用性投资形成的专用性资源在一定程度上会挤压企业自身专有性资源能力的提升空间，专用性依赖会削弱讨价还价权力，例如，国际旗舰厂商通过权力优势设计自利的规则和标准，压榨本土代工企业的产品利润，使企业陷入长期微利窘境，具有"伪升级"效应。专用性资源因其依赖刚性和风险性，会削弱租金力量，对企业升级过程中的租金绩效有反蚀效应。

假设一：专有性资源对企业升级租金绩效呈正向的显著影响。

假设二：专用性资源对企业升级租金绩效呈负向的显著影响。

战略学者将竞争优势归因于"强势资源位置"（Dierick & Cool，1989），即企业的资源位，这一体现内在资源结构和位势的变量。资源位理论将视角聚焦于企业内部要素，从资源基础观解释了资源位势是形成企业间竞争差异化的基础；依据资源依赖理论解释了企业所占据和控制的资源反映其位势的高低并由此决定了租金价值获取力的大小。因此，企业的资源存量在价值网络分工具有位势差异，专有性资源位高低会影响企业的升级租金绩效高低。

假设三：专有性资源与企业升级租金绩效之间存在正向门槛效应。

梳理企业升级绩效的动力要素研究文献，研发创新能力作为提升企业知识性资源水平的动态能力已得到理论学者的普遍认可，基于技术知识的创新性、前瞻性和核心竞争优势，是企业升级的长效驱动力。基于新的市场资源观的市场营销能力也是企业在双循环新发展格局下重视国际国内市场培育、激发市场需求以终端市场势力带动价值链上游、中游突破低端锁定的重要升级动力。研发创新能力与市场营销能力为企业创造升级过程中知识技术租金、市场性租金，形成直接影响企业升级租金绩效的动力路径。

假设四：研发创新能力对企业升级租金绩效呈正向的显著影响。

假设五：市场营销能力对企业升级租金绩效呈正向的显著影响。

同时，资源要素和能力要素是企业资源位的两类构成要素，企业资源位存量优势会随时间推移而改变。网络合作不可避免地溢入、溢出知识资源，必须通过技术或知识的创新和模仿来打破现有的资源位格局，获得相对于竞争对手的先发优势（刘林青等，2008）。基于市场营销能力而形成的客户关系、渠道、品牌等外部市场资源，是对企业独特的、有价值的资源存量优势的有效补充。

假设六：专有性资源水平在研发创新能力与企业升级租金绩效中起到中介作用。

假设七：专用性资源水平在研发创新能力与企业升级租金绩效中起到中介作用。

假设八：专有性资源水平在市场营销能力与企业升级租金绩效中起到中介作用。

假设九：专用性资源水平在市场营销能力与企业升级租金绩效中起到中介作用。

学者近些年在研发创新能力的相关研究中，普遍关注到政府补贴这一变量。在新一轮技术革命中，高新技术的持续更新换代需要大规模的研发资金投入。因此常常采用政府补贴的支持形式来激励企业研发创新，政府的资金支持有利于企业攻克新技术、吸引高技术人才，尤其在内源性技术创新的起步阶段，其调节助推作用尤为重要。

假设十：政府补贴在研发创新能力与升级租金绩效中起到正向的调节作用。

假设十一：政府补贴在研发创新能力与专有性资源中起到正向的调节作用。

表 7-1　研究假设汇总

标号	研究假设	预期符号
假设一	专有性资源对企业升级租金绩效呈正向的显著影响	+
假设二	专用性资源对企业升级租金绩效呈负向的显著影响	−
假设三	专有性资源与企业升级租金绩效之间存在正向门槛效应	+
假设四	研发创新能力对企业升级租金绩效呈正向的显著影响	+
假设五	市场营销能力对企业升级租金绩效呈正向的显著影响	+
假设六	专有性资源水平在研发创新能力与企业升级租金绩效中起到中介作用	+
假设七	专用性资源水平在研发创新能力与企业升级租金绩效中起到中介作用	+
假设八	专有性资源水平在市场营销能力与企业升级租金绩效中起到中介作用	+
假设九	专用性资源水平在市场营销能力与企业升级租金绩效中起到中介作用	+
假设十	政府补贴在研发创新能力与升级租金绩效中起到正向的调节作用	+
假设十一	政府补贴在研发创新能力与专有性资源中起到正向的调节作用	+

第八章　企业升级租金绩效的动力机制：实证设计与结果分析

第一节　实证研究设计

一、实证研究思路

实证研究与理论研究是相辅相成的两个重要阶段。本书将在前述理论分析和模型构建的基础上，科学设计实证评价过程，揭示企业升级租金绩效的动力要素与动力路径的作用机制，这一过程本身就具有重要的创新性，为丰富和拓展已有理论提供实证支持。恰当的样本来源和数据收集是实证研究的重要保障。本书在文献梳理的基础上，选取我国制造业企业作为实证样本来源。党的十九大报告强调"加快建设制造强国，加快发展先进制造业"，近年的政府工作报告中也多次提及把"推动制造业高质量发展"列在首位，制造业是实体经济中重要的组成部分，是一个国家竞争力的重要标志，是国家实现社会进步与富民强国的基石。企业是经济价值和社会价值的主要创造主体，现代化经济强国离不开企业的兴盛，近年来，中国企业快速融入全球市场经济体系，经过多年的探索和实践，总体上实现了跨越式发展，无论是在增长规模上，还是在发展质量上都取得了很大的成绩（黄群慧等，2017）。由于竞争优势的建立是个长期的过程，企业升级租金绩效本身也是一个动态概念，因此要保证模型检验的信度和效度，数据来源必须考虑到样本的动态成长性，本书收集整理并构建我国不同制造行业的企业在动态时期内的面板数据。

依据资源位理论，研究样本和研究变量具有一定的层次性，需要对大样本面板数据以及不同资源位水平的研究变量、研究样本进行分层次的实证检验。其一，拥有的硬资源相对较高的企业处于低资源位水平；其二，拥有的软资源相对较高的企业处于中资源位水平；其三，拥有"卓越"软资源的企业处于高资源位水平，其中"卓越"意味着"一流"（黄群慧等，2017），与竞争优势密不可分，是企业的"强势资源位置"（Diericks & Cool，1989）。研究变量也具有层次性，即专用性资源是低资源位层次的变量，专有性资源是中高资源位层次的变量。专有性资源水平较高的样本是高资源位的企业，值得进一步深入探讨其升级动力机制及竞争优势性的动力要素成功基因。

因此，具体实证研究步骤分层次进行：

一是从整体的样本层面对我国制造业企业升级租金绩效的动力机制模型进行实证检验，得出模型的广谱性动力作用解释机制。实证研究从以下思路入手：

（1）分步检验，通过资源—升级租金绩效、资源—能力—升级租金绩效的路径检验，验证资源位存量、资源位流量的升级动力直接影响效应。

（2）通过能力—升级租金绩效、能力—资源—升级租金绩效的路径检验，验证资源位存量在资源位流量与升级租金绩效影响路径中的中介效应及其动力机制。

（3）最后加入政府补贴调节变量进行检验，验证其在研发创新能力—资源位存量、研发创新能力—升级租金绩效的路径中的调节效应。由此，得出完整的动力要素及动力作用路径。

二是针对企业资源位本身具有高低差异，考虑使用门槛模型，检验其是否存在对企业升级租金绩效的非简单线性影响效应，以验证企业资源位的水平差异性，及其对企业升级租金绩效的影响。

三是对高资源位水平的样本企业，依据门槛阈值，进一步构建高资源位的样本企业，分析其特征、地区上的空间差异，获取企业升级的动力要素培育启示。

二、样本选择与数据收集

本书对模型进行实证评价时，会用到大样本统计检验的定量研究方法，计划使用2007~2019年中国制造业上市公司作为面板数据，对样本进行相关假设检验。

参照相关研究，以上海、深圳两市 B 股 2007~2016 年的主板制造业上市公司作为初选样本，并根据中国证券监督管理委员会（以下简称中国证监会）的行业分类，划分为 10 个具体的行业类别，包括食品饮料制造业、纺织服装制造业、木材家具制造业、造纸印刷制造业、石化塑料制造业、电子制造业、金属制造业、机械设备仪表制造业、医药生物制品制造业、其他制造业等。

已有研究基于创新研究的不同视角，大多分别将企业研发投入、专利作为替代指标衡量企业创新投入与产出。虽然以专利衡量企业创新水平及创新能力在外国文献中应用极为广泛，但是由于：①中国企业多以先模仿再创新的"逆向工程"进行创新，企业创新水平难以通过专利体现；②当前知识产权保护制度不完善，将核心创新成果申请专利会带来极大的技术泄露风险；③企业专利申请多为外观设计与实用新型专利，难以真实反映企业自主创新水平（赵晶、孟维烜，2016）。因此，选择研发投入角度衡量企业研发创新能力，企业开发支出越多，企业研发创新动力越明显。

本书所用财务数据主要信息来自 CSMAR 数据库和 Wind 数据库，部分数据信息来源于 CCER 金融数据库、巨灵金融平台等，还有部分数据是根据中国证监会指定信息披露网站中上市公司的公开年度财务报表手工整理而成。由于 2007 年之前的上市公司财务数据缺少"开发支出"这项关键数据统计，考虑到新会计准则规定自 2007 年起上市公司对研究与开发费用的费用化与资本化部分分开披露，本文选取 2007~2019 年作为样本年度区间。为保证数据的客观性，本书按照如下原则进行了样本筛选：①剔除 2007~2019 年任何一年暂停上市的企业；②剔除借壳上市的企业；③剔除关键数据不连续或相关数据缺失的企业；④按照租金绩效定义，租金区别于一般盈利，全球价值网络理论将租金描述为企业的超额利润，本书具体采用如下方法进一步筛选研究样本：首先按照各制造行业的每个上市公司在跨年份的主营业务利润进行加总计算，选取超过中位数水平的行业内上市公司；其次对剩下的上市公司逐个绘制 2012 年以来各年的利润折线图，进一步选取在 2012 年以来新一轮的制造业转型升级动态演进中具有利润成长性的上市公司。在此基础上，本书对上市企业样本进行顺序编码，以识别企业单位。最终，收集到样本企业每年 231 家（截至 2019 年 12 月），其 2007~2019 年的平衡面板数据共计观测值 3003 个。覆盖全国 28 个省份的制造业上市公司（不包括西藏、宁夏、海南、香港特别行政区、澳门特别行政区和台湾地区）。由于 2008 年出现了金融危机，本书认为，2007~2019 年连续存续的数据信息完整的 A 股制造业企业符合本书的样本要求，即在全球价值链重构情境下强调长期竞争优势的培育、注重"价值增质"式升级，是具有竞争优势的利润来源的企业。

三、变量测度

因变量：企业质量升级过程中所获取的租金绩效。本书关注具备"价值增质"属性的企业升级，所获取的"价值增质"绩效即升级租金绩效。基于 Kaplinsky（2004）等学者的相关理论研究，租金是指企业参与全球价值链中各个功能环节的收益或超额利润。已有文献指出由于现实测量租金份额的准确数据难以获得，在实证研究中可以考虑使用相关利润数据来代表企业的租金绩效（孙凤娥等，2015；张珉、卓越，2010）。为更精确地测量企业升级租金绩效，本书已按照前述依据筛选出更为贴近"价值增质"升级属性的研究样本。在质量升级的企业样本基础上，控制时间因素等的影响，企业主营业务（即制造相关）利润可以在一定程度上反映企业参与全球价值链分工分得的租金份额的多少，因为主营业务利润更少受到非营业收入所带来的影响，如部分难以持续的投资收益或企业出售资产以改善财务指标等（段霄、金占明，2015）；而且考虑到企业的资源和能力等内部要素不仅可以促使企业增加销售，还可以有效降低成本，所以选用主营业务利润这一指标来测量企业升级过程中获取的租金绩效。具体为各行业时间跨度内主营业务利润均值处于中位数以上，以及 2012 年以来在制造业转型升级动态演进过程中保持利润增长的公司的主营利润自然对数值。

自变量：企业质量升级过程中的研发创新能力和市场营销能力。其一，研发创新能力可以从研发创新投入和研发创新产出两个维度来刻画（任曙明等，2017），由于研发创新产出的数据部分体现在资源位存量和企业绩效数据之中，本书选择从研发创新投入的角度来考察研发创新能力，此外，研发的花费不一定会得到新技术，也会产生部分无效的投入，在会计准则中，只在很可能产生研发成果时才会予以资本化。基于科学性的原则，应采用研发创新的资本化进行测度，因此本书将上市公司财务报表中的"开发支出"项作为衡量研发创新能力的指标，缺失部分"开发支出"年份的样本数据则手工取自该企业财务报表附注里，在"管理费用""长期待摊费用""预提费用"项目中以"研究开发费""技术开发费""研发费用"等名称披露的费用，以及在"支付的其他与经营活动有关的现金"项目中以类似名称披露的现金支出。国内外相关文献普遍认同研发创新的绩效具有一定的滞后性，除受当期研发投入的资本影响外，还会受到前期的影响，因此选择研发内部支出存量会比只使用当期研发支出更加科学（杜传忠等，2016）。此外，为消除异常值对估计结果造成的偏差，对研发投入的资金强度数据可能还需要进行约1%的缩尾处理。

其二，能够推动企业质量升级的市场营销能力，在本书中区别于垄断势力，且注重在"市场竞争"中"创造出竞争对手所不具备的产品的非对称需求的能力"（Young，1995，2000），也是Kirzner等学者强调的应得到激励的"市场势力"。本书不采用在测量市场垄断势力时常常使用的勒纳指数（Lerner Index），由于其计算公式"（价格－边际成本）/价格"中的边际成本通常也不可获得，无法计算每个企业的勒纳指数，在指标设计中较难使用勒纳指数代理市场势力，Christopher 和 Teece（2001）认为应使用新的测评指标进行评估。参照聂辉华等（2008）在实证研究中使用的"广告密度"来衡量市场竞争程度，考虑上市公司数据的可获得性，本书将采用销售费用密度（即销售费用/主营收入）及其二次项测度具有市场竞争势力的市场营销能力，认为在一定的产品竞争市场中，销售费用密度的增加是扩大企业市场势力的必要市场营销投入，会增加销售盈余，表现为一次项有显著正向的影响。但是当这类产品的市场需求趋近饱和时，销售费用密度的增大反映出市场竞争日益激烈而市场势力则越小，成本销蚀下的企业利润降低，不利于攫取租金绩效，表现为二次项有显著负向的影响。因此，"销售密度"是测量本书在市场竞争中具有市场势力的市场营销能力的指标。此外，行业的市场集中度即赫芬达尔指数（hhi）也在一定程度上体现行业整体的市场势力强弱，会对企业利润产生影响，其计算公式为：$hhi = \sum_i^n (x_i/x)^2$，其中，n 为行业中企业数，x_i为行业内企业 i 产品销售的营业收入，$x = \sum_{i=1}^n x_i$ 为行业内所有企业产品销售的营业收入之和。赫芬达尔指数合理地反映了行业市场集中程度，也反映了一个行业的市场竞争程度。在行业内企业数目一定的情况下，赫芬达尔指数越小，说明市场竞争程度越激烈，市场垄断程度越低（刘一蓓，2013），反之亦然。一些学者在市场竞争的相关研究中使用市场集中度来替代市场势力（聂辉华，2008）。然而，采用赫芬达尔指数所表示的市场集中度，每个行业内企业都被赋予了同样的"市场势力"，企业的个性特征没有得以体现。因此，本书将市场势力和市场集中度都涵盖进去了。

自变量：企业升级过程中累积形成的专有性资源和专用性资源，也是中介变量。其一，全球价值链重构情境下，企业迈向全球价值链中高端的升级过程中必须重视并加大关系专有性投资，提升自身的专有性资源位。Nye（1990）称其为"软实力"，并和企业的无形资源联系在一起。Barney 将企业专有资源定义为价值性、稀缺性、不可模仿和不可替代性得到学者的普遍认同和关注（龙勇、陈玮，2014；姚书杰、蒙丹，2014）。专有性资源一般表现为技术、专利、品牌商誉等的形式，参考相关实证研究，本书出于数据可获得性的考虑，认为"无形资产"与"商誉"的价值之和可以作为衡量企业专有性资源水平的指标。由于上市公司数据库从 2007 年起的会计准则将无形资产和商誉、投资性房地产等分开核算，自此"无形资产"中只包含专利权、非专利技术、知识产权（著作权、商标权）等，中国上市公司的无形资产多以获取成本计价、专用性较低；另外，"商誉"自 2007 年起单独核算，是企业升级过程中形成的与品牌等相关的商誉价值，因此，选用（"无形资产"+"商誉"）来测量企业的专有性资源水平。

其二，企业进行全球价值链升级过程中必然会因结网合作而进行关系专用性投资，形成企业的专用性资源，包括土地购置、厂房建设、自然资源等，更多是以固定资产形式体现的。专用性资源会增强合作信任并促进企业绩效，但是过高的专用性资源反而会削弱租金分配中的讨价还价力量，导致发展中国家企业在全球价值链中深陷低端锁定困境。本书中的"专用性资源"变量将采用 Demsetz 等学者的测量方法，"固定资产合计"除以"总资产"这一比率来反映企业的专用性资源水平。有学者指出，该比例越高，企业的资源位就越低，专用性资源的单一性用途风险就越大，越容易产生被套牢的风险。因此选用固定资产/总资产来测量企业的专用性资源水平。

企业的专有性资源和专用性资源是全球价值链升级中的核心动力要素，不仅直接影响企业的升级租金绩效，也是资源位流量能力与升级租金绩效影响路径中的中介变量。

调节变量：政府在企业创新驱动升级中的资金支持，即政府补贴。国内外实证研究证实了政府补贴能够补偿企业创新活动的外部风险性，显著促进专利等知识性资源的产出水平，并在研发投入和创新绩效之间起到调节作用（Girma et al.，2007；钱俊明，2014）。一般在量化政府补贴指标时有两类方式：第一类是用政府直接补贴的资金占营业收入的比重；第二类是直接选取政府补贴条目（沈云竹，2017）。本书考虑到因变量所使用的利润指标，选择政府补贴资金作为测度政府补贴的指标。政府补贴的主要形式有财政贴息、财政拨款、无偿划拨非货币性资产和税收返还等，根据《企业会计准则第 16 号——政府补助》的规定，企业无论取得何种形式的政府补助，在会计处理上应当划分为与收益相关的政府补助和与资产相关的政府补助。通常情况下，与收益相关的政府补贴，应当按照应收金额计量确认为营业外收入；与资产相关的政府补贴暂时计入递延收益账户，在补助资产完工、投入使用并提取折旧或摊销时，补助再从递延收益账户转入当期营业外收入，最终将转化为企业收益（莫凡，2017）。因此，采用上市公司年度财务报表中"营业外收入"的"政府补助"项作为政府补贴的量化指标及调节变量。为了消除异方差以及缩小数据绝对值，取对数处理。

控制变量：为保证实证研究质量提高回归模型的精准度，参照已有的相关文献（黄碗琦，2020；郑飞等，2021），选取"资产负债率""成长性""生产成本"作为控制变量来降低对因变量影响的外生变异。①资产负债率。企业的资产负债率通常被用来衡量企业偿债能力的强弱，当企业的资产负债率较低时，说明该企业对于资金的利用能力较弱，这时通过财务杠杆效应企业能够放大自身可利用的资金资源从而达到增强企业绩效的效果。但是，如果当资产负债率达到一个临界值时，企业还本付息的压力过大，对于企业现金流的要求过高从而容易造成企业资金链断裂的情况，导致企业陷入了债务危机。由此可见，对于企业来说，要想保持长期竞争优势并实现长远稳定的可持续性发展，保持合理的资本结构是非常必要的。合理的资本结构有助于企业提升对资金的使用效率的同时，也能对其营运能力产生正面影响。因此，本书加入了资产负债率这一指标作为控制变量。②成长性。企业是否具备升级潜力，持续获取升级绩效，考虑采用成长性指标来衡量。该指标以主营业务收入为核心，为本年与邻近年度间主营业务数额差值的比率，其变动反映了营业收入较同期的增减变动情况。一般意义上，将该指标看作衡量企业升级过程中现阶段发展情况以及未来发展潜力的关键指标。当该指标数值大于 0 时，说明企业今年营业收入有所增长；如果该指标数值小于 0 时，则表示企业今年的营业收入小于上年。收入增长率表现了企业的成长能力，同时会对企业升级的资源水平、研发创新能力或市场营销能力、企业升级绩效都可能产生一定的影响。因此，本书加入企业营业收入增长率这一成长性指标作为控制变量。③生产成本。生产成本是生产过程中各种资源利用情况的货币表示，是衡量企业技术和管理水平的重要指标，包括直接材料费、直接工资、其他直接费用以及分配转入的间接费用。企业升级租金绩效与其投入的生产成本相关。营业成本是为取得营业收入生产产品或提供劳务而付出的生产成本，包括为了生产出产成品所涉及的料、工、费。因此，本书采用营业成本的自然对数这一指标来衡量生产成本。

变量符号、含义及计算方法如表 8-1 所示。

表 8-1　变量名称、符号及计算方法

变量类型	变量名称	变量符号	变量计算方法
被解释变量	升级租金绩效	profit（prof）	ln（营业利润）
解释变量	专有性资源水平	exclusive asset（exclu）	ln（无形资产+商誉）
	专用性资源水平	specific asset（spec）	固定资产/资产总计
	研发创新能力	innovation（inno）	ln（开发支出）
	市场营销能力	market power（mpow）	销售费用/营业收入
	市场集中度	hhi（hhi）	赫芬达尔指数
调节变量	政府补贴	government subsidy（sub）	ln（政府补助）
控制变量	资产负债率	leverage（lev）	负债总计/资产总计
	成长性	growth（growth）	营业收入增长率
	生产成本	production cost（cost）	ln（营业成本）

资料来源：笔者依据研究设计整理。

四、计量模型设定

（一）基准线性回归模型

1. 基于主效应的回归模型

根据前文，推动企业"价值增质"式升级的内在动力要素源于自身具有竞争优势的资源和能力，｛资源+能力｝的水平形成动态时期、动态视角下的企业资源位，战略学者认同租金与竞争优势性绩效密切相关（Porter，1985；Teece et al.，1997，2007），又将竞争优势的来源归于具有"强势资源位置"（Dierick & Cool，1989），即企业的资源位，企业占据和拥有的资源和能力的高低水平决定了其租金价值获取力的大小。按照前文所述的"资源—绩效""｛能力，资源｝—绩效"这一思路，在假设一、假设二、假设三、假设四的基础上，构造企业升级租金绩效内在动力的基准回归模型：

$$\mathrm{prof}_{i,t} = \alpha_0 + \alpha_1\,\mathrm{exclu}_{i,t} + \alpha_2\,\mathrm{spec}_{i,t} + \alpha_3\,\mathrm{inno}_{i,t-1} + \alpha_4\,\mathrm{mpow}_{i,t} +$$
$$\alpha_5\,\mathrm{mpo}\,w_{sqi,t} + \alpha_6\,\mathrm{hhi}_{i,t} + \sum_j \phi_j \mathrm{Controls} + \mu_{i,t} \qquad (8\text{-}1)$$

由于研发创新能力对企业升级租金绩效的影响存在滞后性，所以本书选取滞后期为一年的数据来进行分析研究。

其中，$\mathrm{inno}_{i,t-1}$ 表示第 i 个样本企业第 $t-1$ 年的创新能力，Controls 为控制变

量，α_0为常数项，α_i为主因素变量对租金攫取绩效的回归系数，ϕ_j为控制变量对租金攫取绩效的回归系数，$\mu_{i,t}$为残差项，其他符号含义见表8-1。

2. 基于中介效应的回归模型

根据前文，资源存量优势会随时间而改变，通过研发创新能力和市场营销能力从技术端和市场端进行竞争优势性补给，有利于保持和提升企业资源位优势，从而攫取升级租金绩效。按照前文所述的"能力—绩效""能力—资源—绩效"这一思路，在假设六、假设七、假设八、假设九的基础上，构造中介效应的回归模型：

$$\text{prof}_{i,t} = \alpha_0 + \alpha_1 \text{inno}_{i,t-1}(\text{mpow}_{i,t} + \text{mpo w}_{sqi,t} + \text{hhi}_{i,t}) +$$
$$\sum_j \phi_j \text{Controls} + \mu_{i,t} \qquad (8-2)$$

$$\text{prof}_{i,t} = \alpha_0 + \alpha_1 \text{exclu}_{i,t}(\text{spec}_{i,t}) + \alpha_1 \text{inno}_{i,t-1}(\text{mpow}_{i,t} + \text{mpo w}_{sqi,t} + \text{hhi}_{i,t}) +$$
$$\sum_j \phi_j \text{Controls} + \mu_{i,t} \qquad (8-3)$$

$$\text{exclu}_{i,t}(\text{spec}_{i,t}) = \alpha_0 + \alpha_1 \text{inno}_{i,t-1}(\text{mpow}_{i,t} + \text{mpo w}_{sqi,t} + \text{hhi}_{i,t}) +$$
$$\sum_j \phi_j \text{Controls} + \mu_{i,t} \qquad (8-4)$$

由于研发创新能力对企业资源存量水平产生的影响存在滞后性，所以本书选取滞后期为一年的数据来进行分析研究。计量模型中相同符号含义同上。

3. 基于调节效应的回归模型

根据前文，选取政府补贴作为研究的调节变量，分析政府补贴在研发创新能力与企业升级租金绩效、研发创新能力与企业专有性资源的关系方面产生的影响。阅读大量文献可知，政府补贴的影响同样存在滞后性。所以，本书选取滞后期为一年的数据，来进行分析研究。根据调节变量分析法可知，判定调节变量分成三个步骤：第一，自变量和因变量之间具有密切的相关性；第二，调节变量和因变量之间具有密切的相关性；第三，自变量和调节变量之间具有密切的相关性。在假设十、假设十一的基础上，对政府补贴这一调节效应，分析研发创新能力、政府补贴与企业升级创新绩效，以及研发创新能力、政府补贴与企业专有性资源水平的关系方面，同样采用回归的方式进行研究，构造调节效应的回归模型如下：

$$\text{prof}_{i,t} = \alpha_0 + \alpha_1 \text{exclu}_{i,t} + \alpha_2 \text{spec}_{i,t} + \alpha_3 \text{inno}_{i,t-1} + \alpha_4 \text{mpow}_{i,t} +$$
$$\alpha_5 \text{mpo w}_{sqi,t} + \alpha_6 \text{hhi}_{i,t} + \alpha_7 \text{sub}_{i,t-1} + \alpha_8 \text{sub}_{i,t-1} \times \text{inno}_{i,t-1} +$$
$$\sum_j \phi_j \text{Controls} + \mu_{i,t} \qquad (8-5)$$

$$\text{exclu}_{i, t} = \alpha_0 + \alpha_1 \text{inno}_{i, t-1} + \alpha_2 \text{mpow}_{i, t} + \alpha_3 \text{mpo w}_{sqi, t} + \alpha_4 \text{hhi}_{i, t} +$$

$$\alpha_5 \text{sub}_{i, t-1} + \alpha_6 \text{sub}_{i, t-1} \times \text{inno}_{i, t-1} + \sum_j \phi_j \text{Controls} + \mu_{i, t} \quad (8-6)$$

由于政府补贴产生的影响存在滞后性,所以本书选取滞后期为一年的数据来进行分析研究。计量模型中相同符号含义同上。

(二) 面板门槛回归模型

上述回归模型描述了企业自身的资源、能力与升级租金绩效之间的线性关系,但企业资源存量本身具有位势差异,根据前文,资源位理论揭示了不同的企业资源水平不同、不同资源位势的企业在升级过程中的升级功效不同。资源位具有动态性,在一定时期,处于较高资源位势的企业的资源水平越高,升级动力越强,升级租金绩效越显著。因此,本书需要进一步分析不同资源位水平对企业升级租金绩效的贡献,探索可能出现的促进效应拐点。刻画这种非线性效应,可以考虑加入虚拟变量和交互项,可是设置虚拟变量需要对相关影响因素进行明确分组,而人为设置各区间的分界点可能会导致严重的偏误(肖利平、谢丹阳,2016)。为了避免这种影响,本书采用 Hansen 提出的面板门槛模型以及 Bootstrap 抽样,基于数据本身的特征确定资源位水平的分界点,以刻画这种非简单线性效应。因此,结合上述固定效应模型,按照 Hansen 的观点和本书的主题,设定以下门槛回归基本模型,来考察企业专有性资源水平影响企业升级租金绩效的门槛效应。设置单一面板门槛模型为:

$$\text{prof}_{i, t} = \beta_0 + \beta_1 \text{exclu}_{i, t} I(g_{i, t} \leqslant \gamma) + \beta_2 \text{exclu}_{i, t} I(g_{i, t} > \gamma) + \sum_j \theta_j X_{i, t} + \varepsilon_{i, t}$$

$$(8-7)$$

上述模型也可以很方便地推广到多门槛模型:

$$\text{prof}_{i,t} = \beta_0 + \beta_1 \text{exclu}_{i,t} I(g_{i,t} \leqslant \gamma_1) + \beta_2 \text{exclu}_{i,t} I(\gamma_1 < g_{i,t} \leqslant \gamma_2) + \cdots +$$

$$\beta_n \text{exclu}_{i,t} I(\gamma_{n-1} < g_{i,t} \leqslant \gamma_n) + \beta_{n+1} \text{exclu}_{i,t} I(g_{i,t} > \gamma_n) + \sum_j \theta_j X_{i,t} + \varepsilon_{i,t}$$

$$(8-8)$$

其中,式(8-7)与式(8-8)相同参数含义相同,$g_{i,t}$ 为门槛变量,即企业专有性资源水平指标(exclusive),γ_1、γ_2、γ_n 分别为门槛变量的第一个、第二个和第 n 个门槛值,β_0 为常数项,β_1、β_2、β_3 分别表示低、中、高资源位水平状态下对升级租金绩效影响的估计系数,$X_{i,t}$ 为其他主因素变量和控制变量的组集,j 用来区别变量组集 X 的系数,θ_j 为其相应系数,$\varepsilon_{i,t}$ 为随机扰动项,I(·)为指标函数,即若括号中的条件满足时取值为 1,反之则取值为 0。计量模型中相同符号含义同上。

对上述模型中的任意门槛值 γ，本书从单一门槛模型出发，通过估计上述方程得到一个残差平方和 $S_1(\gamma)$，最优门槛值 $\hat{\gamma}_1$ 对应所有残差平方和中最小者：$\hat{\gamma}_1 = \underset{\gamma}{\arg\min} S_1(\gamma)$。当 $\hat{\gamma}_1$ 确定后，假设 $\hat{\gamma}_1$ 为已知，据此根据双重门槛模型，搜索 γ_2 得到 $\hat{\gamma}_2$。然后固定 $\hat{\gamma}_2$ 重新搜索 γ_1，最后得到优化估计的 $\hat{\gamma}_1$。多重门槛模型以此类推，最终得到 $\hat{\gamma}_n$。

确定各门槛值后，各模型的参数估计值也相应确定：$\hat{\beta} = \hat{\beta}(\hat{\gamma})$。得到参数估计值后，再进行相关门槛效应检验。

（1）检验门槛效应是否显著。对于单一门槛模型，相应的原假设是 H_0：$\beta_1 = \beta_2$，备择假设为 H_1：$\beta_1 \neq \beta_2$，检验统计量为 $F_1 = \dfrac{S_0 - S_1(\hat{\gamma})}{\hat{\sigma}^2}$。其中，$S_0$ 和 $S_1(\hat{\gamma})$ 分别表示原假设和备择假设下的残差平方和。由于原假设下门槛值无法识别，F_1 统计量不再服从标准分布，因此，Hansen 提出通过 Bootstrap 自抽样获得其渐进分布和 p 值，根据 p 值判断是否拒绝原假设。

（2）检验门槛估计值是否等于真实值。原假设是 H_0：$\gamma = \gamma_0$，似然比检验统计量为：$LR_1(\gamma) = \dfrac{S_1(\gamma) - S_1(\hat{\gamma})}{\hat{\sigma}^2}$。当 $LR_1(\gamma_0) > c(\alpha)$ 时拒绝原假设，这里 $c(\alpha) = -2\log(1 - \sqrt{1-a})$，$\alpha$ 为显著性水平。对于双重门槛模型或多重门槛模型，假设检验类似。

第二节　实证结果与分析

一、描述性统计和相关性分析

表 8-2 报告了主要变量的描述性统计。考虑到缺失值对结果的影响，本书采用插值法进行填充。此外，为了避免异常值对研究结果的影响，除市场营销能力及其二次项进行了中心化处理外，本书对连续变量在 1% 和 99% 分位数上进行了 Winsorize 处理。

表 8-2   主要变量描述性统计

变量	样本量	均值	标准差	中位数	最小值	最大值
prof	3003	19.3494	1.5420	19.3126	15.6630	23.5012
exclu	3003	18.6885	1.6810	18.7338	13.4442	22.6699
spec	3003	0.1971	0.1249	0.1771	0.0037	0.5632
L1.inno	3003	3.9742	6.9939	0.0000	0.0000	20.0539
mpow	3003	-0.0000	0.1098	-0.0353	-0.0873	2.7575
mpow_sq	3003	-0.0000	0.1530	-0.0171	-0.0198	8.0731
hhi	3003	0.0905	0.0762	0.0613	0.0251	0.4815
L1.sub	3003	15.6260	3.5930	16.2895	0.0000	20.3648
lev	3003	0.4189	0.1683	0.4213	0.0688	0.7982
growth	3003	0.1562	0.2365	0.1259	-0.3243	1.2845
cost	3003	21.5615	1.4065	21.4190	18.4644	25.8166

资料来源：笔者计算整理。

升级租金绩效（prof）均值为 19.3494，标准差为 1.5420。表明中国上市制造企业的整体利润水平不高，行业势力不显著。升级租金绩效的影响因素中，专有性资源水平（exclu）整体不高，有一定的发展差距。研发创新能力（L1.inno）均值为 3.9742，标准差为 6.9939，说明制造企业整体创新水平偏低，并且存在两极分化现象。政府补助（L1.sub）、市场营销能力（mpow）、专用性资源水平（spec）和市场集中度（hhi）总体状况良好。控制变量中，生产成本相对较高，其标准差为 1.4065，说明不同企业之间存在一定的差异。资产负债率（lev）和成长性（growth）的均值与中位数差异不大，基本呈正态分布。

表 8-3 报告了本书主要解释与被解释变量的多重共线性检验结果及其 Pearson 相关系数。可以看出，升级租金绩效（prof）与专有性资源水平（exclu）、研发创新能力（L1.inno）、市场营销能力（mpow）、市场集中度（hhi）之间的相关系数均显著为正，而与专用性资源水平（spec）之间的相关系数为负，未表现出显著性。因此，假设一、假设三、假设四通过初步检验。此外，通过方差膨胀指数（Variance Inflation Factors，VIF）检验变量之间是否存在共线性，得出 VIF 最大值为 2.2294，远小于 10，因此不存在多重共线性问题。

表 8-3　主要变量相关性分析

变量	VIF	profit	exclu	spec	L1.inno	mpow	mpow_sq	hhi	L1.sub	lev	growth	cost
prof	—	1.0000										
exclu	1.9611	0.5984***	1.0000									
spec	1.0688	-0.0123	0.1616***	1.0000								
L1.inno	1.0964	0.0844***	0.1849***	-0.0294	1.0000							
mpow	2.2294	0.0465**	0.0510***	-0.0736***	0.1893***	1.0000						
mpow_sq	1.9098	0.0003	0.0151	-0.0384**	0.0367	0.6647***	1.0000					
hhi	1.0861	0.1163***	0.2127***	0.0747***	-0.0215	-0.1463***	-0.0567***	1.0000				
L1.sub	1.0762	0.1601***	0.2309***	-0.0446**	0.0833***	-0.0096	0.0010	0.0303*	1.0000			
lev	1.2915	0.0615***	0.2622***	-0.0290	0.0265	-0.1766***	-0.0208	0.0859***	0.1344***	1.0000		
growth	1.0243	0.0596***	-0.0386**	-0.0900***	-0.0201	-0.0252	-0.0046	-0.0677***	-0.0092	0.0727***	1.0000	
cost	2.0999	0.6397***	0.6152***	0.0315*	0.0277	-0.2050***	-0.0394***	0.1686***	0.2078***	0.4528***	0.0531***	1.0000

注：*、**、***分别表示在10%、5%、1%的水平下显著。
资料来源：笔者根据 Stata16.0 软件计算得到。

二、基准回归结果分析

关于面板数据的估计方法。在使用231家样本企业13年平衡面板数据进行分析之前，首先进行了混合回归、固定效应还是随机效应模型形式的选择及估计方法的考量。分别通过 LM 检验（Lagrangian Multiplier Test）以及 Hausman 检验，结果均显示 p=0.000，表明固定效应模型优于随机效应模型，并优于混合回归模型，故采用固定效应模型进行有效的估计更为合适。接下来本节主要对各变量进行逐步回归分析、直接效应检验、中介效应检验、调节效应检验，验证企业升级租金绩效的动力要素和动力路径。

1. 基于主效应的回归结果分析

表8-4为企业升级租金绩效内在动力的固定效应回归结果。具体而言，模型1从资源角度考察了异质企业间结网，其专有性资源水平对升级租金绩效的影响。回归结果显示，本土企业的专有性资源水平对升级租金绩效的影响系数为0.229，在1%水平下显著，这初步证明了企业的专有性资源水平与升级租金绩效显著正相关，同时说明异质性资源的"李嘉图租金"是企业结网创造租金和实现升级租金绩效的利润本源，这种知识性资源不仅是网络租金的内生性资源基础能力，也是决定企业事前租金议价力量的核心能力要素。模型2引入专用性资源水平变量，从存量角度考察企业的专用性资源水平与升级租金绩效间的关系。回归结果显示，专有性资源水平对升级租金绩效的显著性影响不变，系数有所上升。同时，专用性资源水平（spec）与升级租金绩效也呈现出显著的负相关关系，在其他条件不变的情况下，企业的专用性资源水平每提高1%，当期租金绩效同比下降0.484%。由此，在控制专有性资源水平下，专用性资源水平与企业升级租金绩效显著负相关。模型3进一步引入研发创新变量，从动态能力角度考察企业的研发创新能力与升级租金绩效间的关系。回归结果显示，专有性资源水平对升级租金绩效的显著性影响不变，系数略有下降。但专用性资源水平与升级租金绩效之间的负相关关系则有所上升。但研发创新能力在1%水平下显著促进升级租金绩效，即在其他条件不变的情况下，代表企业研发创新能力的前期创新投入每增加1%，则当期租金绩效同比增加0.014%。表明企业的研发创新对促进其升级租金绩效具有一定的时滞影响效应。这也验证了基于创新和创新能力的熊彼特租金是企业实现动态竞争优势租金绩效的利润源泉，创新动能是改变企业事后租金谈判力量的动态能力要素。由此，在控制专有性

资源和专用性资源下，研发创新能力与企业升级租金绩效显著正向相关关系。模型4引入市场营销能力变量，考察反映创新型市场垄断能力的变量与升级租金绩效间的关系。结果显示，专有性资源水平对租金绩效的影响系数有所下降，为0.224，而专用性资源水平对升级租金绩效的负相关关系则有所上升，为-0.523，在1%的水平下显著。同时，市场营销能力一次项对升级租金绩效的影响系数为1.513，在1%的水平下显著为正，其二次项对升级租金绩效的影响系数为-0.672，在1%的水平下显著为负，表明以销售费用密度衡量的市场营销能力的一次项和二次项变量反映其市场势力与企业升级租金绩效之间呈倒"U"形关系。这可以引入市场竞争来解释两方面的作用机理：一方面的作用机理是，在企业既定推新产品的市场需求范围内，随着企业销售费用占比的增加，其市场竞争份额不断扩大，提高其市场势力的同时，也会相应提高攫取的租金绩效；另一方面的作用机理是，当既定产品的市场需求饱和时，销售费用密度的继续增加代表市场竞争激烈程度的加剧，市场势力减弱，增加的销售费用反而会销蚀利润。因为在这种市场竞争状态下，目前的已推新产品不能够在同类产品中脱颖而出且具备原有的市场势力，此时企业只能从产品创新或者技术创新等方面着手才是真正提升升级租金绩效的出路，可以通过产品创新、工艺创新、市场创新等激发新的需求，拓展本土企业的市场势力边界，获取超额利润。因此，市场营销能力反映其市场势力与企业升级租金绩效之间呈显著正相关，或者说，创新型市场势力越大，竞争越小，企业的创新市场垄断程度就越高，对租金绩效攫取越有利。模型5引入市场集中度变量，考察市场集中度与升级租金绩效间的关系。结果显示，专有性资源水平对租金绩效的影响系数有所下降，为0.192，研发创新能力对升级租金绩效的影响系数同样略有下降，而专用性资源水平对租金绩效的影响系数则有所上升，系数为-0.536。同时，市场营销能力的代理变量的一次项对租金绩效的影响系数有所下降，显著性水平不变，其二次项对升级租金绩效的影响系数也略有降低，为-0.625，显著性水平不变，均在1%水平下显著。市场集中度对升级租金绩效的影响系数为2.846，在1%的水平下显著为正。说明行业市场集中度越大，则市场营销势力较强，行业竞争程度相对较弱，行业内企业的市场营销势力相对较强，有利于该行业升级租金绩效。由此，在控制专有性资源和专用性资源下，市场营销能力与企业升级租金绩效显著正相关。

表8-4 固定效应分步回归结果

变量	模型1	模型2	模型3	模型4	模型5
	prof	prof	prof	prof	prof
exclu	0.229 ***	0.239 ***	0.233 ***	0.224 ***	0.192 ***
	(0.015)	(0.015)	(0.015)	(0.015)	(0.015)
spec		−0.484 **	−0.500 **	−0.523 ***	−0.536 ***
		(0.195)	(0.194)	(0.194)	(0.191)
L1. inno			0.014 ***	0.013 ***	0.012 ***
			(0.003)	(0.003)	(0.003)
mpow				1.513 ***	1.449 ***
				(0.352)	(0.347)
mpow_sq				−0.672 ***	−0.625 ***
				(0.166)	(0.163)
hhi					2.846 ***
					(0.298)
lev	−1.274 ***	−1.275 ***	−1.349 ***	−1.329 ***	−1.175 ***
	(0.171)	(0.171)	(0.171)	(0.171)	(0.169)
growth	0.175 ***	0.164 ***	0.184 ***	0.195 ***	0.210 ***
	(0.063)	(0.063)	(0.063)	(0.063)	(0.062)
cost	0.590 ***	0.581 ***	0.569 ***	0.573 ***	0.522 ***
	(0.028)	(0.028)	(0.028)	(0.028)	(0.028)
_Cons	2.871 ***	2.953 ***	3.308 ***	3.394 ***	4.771 ***
	(0.462)	(0.462)	(0.467)	(0.466)	(0.481)
Observations	3003	3003	3003	3003	3003
R^2	0.402	0.404	0.408	0.412	0.431
F	466.15	374.85	318.03	242.45	232.65
Prob>F	0.0000	0.0000	0.0000	0.0000	0.0000

注：括号中为相应的标准误差；*、**、*** 分别表示在10%、5%、1%的水平下显著。
资料来源：笔者根据Stata16.0软件计算得到。

从回归结果可以看出，在分步检验过程中，一方面，核心解释变量专有性资源水平、专用性资源水平、研发创新能力、市场营销能力的系数符号并无较大波动，显著性也未发生本质性改变；另一方面，各控制变量对升级租金绩效的影响也未发生较大波动，这既是稳健性检验，也是对企业升级租金绩效的动力要素与影响作用的检验。假设一、假设二、假设四、假设五符合预期，均通过验证。

2. 基于中介效应的回归结果分析

表 8-5 与表 8-6 列示了企业自身的资源要素在能力要素与企业升级租金绩效之间的中介效应检验结果。

表 8-5　中介效应回归结果（一）

变量	模型 6	模型 7	模型 8	模型 9	模型 10	模型 11	模型 12
	prof	prof	prof	prof	prof	prof	prof
exclu				0.222 ***	0.185 ***		
				（0.015）	（0.015）		
spec						0.342 *	0.132
						（0.194）	（0.190）
L1. inno		0.019 ***		0.014 ***		0.019 ***	
		（0.003）		（0.003）		（0.003）	
mpow			2.195 ***		1.521 ***		2.178 ***
			（0.352）		（0.347）		（0.353）
mpow_sq			−0.878 ***		−0.647 ***		−0.872 ***
			（0.167）		（0.164）		（0.167）
hhi			3.742 ***		2.884 ***		3.727 ***
			（0.299）		（0.299）		（0.300）
lev	−1.299 ***	−1.396 ***	−1.075 ***	−1.348 ***	−1.109 ***	−1.394 ***	−1.075 ***
	（0.179）	（0.179）	（0.174）	（0.172）	（0.169）	（0.179）	（0.174）
growth	0.029	0.062	0.107 *	0.196 ***	0.206 ***	0.075	0.112 *
	（0.065）	（0.065）	（0.063）	（0.063）	（0.062）	（0.066）	（0.064）
cost	0.861 ***	0.835 ***	0.729 ***	0.578 ***	0.541 ***	0.832 ***	0.729 ***
	（0.022）	（0.023）	（0.024）	（0.028）	（0.028）	（0.023）	（0.024）
_Cons	1.320 ***	1.844 ***	3.721 ***	3.219 ***	4.404 ***	1.830 ***	3.708 ***
	（0.471）	（0.477）	（0.486）	（0.467）	（0.477）	（0.476）	（0.487）
Observations	3003	3003	3003	3003	3003	3003	3003
R^2	0.349	0.357	0.394	0.407	0.426	0.357	0.394

企业升级租金绩效的动力机制及其构建研究

续表

变量	模型 6	模型 7	模型 8	模型 9	模型 10	模型 11	模型 12
	prof	prof	prof	prof	prof	prof	prof
F	494.78	383.84	299.83	379.54	293.59	307.92	257.02
Prob>F	0.0000	0.0000	0.0000	0.0000	0.0000	0.0000	0.0000

注：括号中为相应的标准误差；*、**、***分别表示在10%、5%、1%的水平下显著。
资料来源：笔者根据 Stata16.0 软件计算得到。

表 8-6　中介效应回归结果（二）

变量	模型 13	模型 14	模型 15	模型 16	模型 17	模型 18
	exclu	exclu	exclu	spec	spec	spec
L1. inno		0.021***			0.001**	
		(0.004)			(0.000)	
mpow			3.638***			0.125***
			(0.440)			(0.035)
mpow_sq			−1.250***			−0.051***
			(0.209)			(0.017)
hhi			4.636***			0.112***
			(0.373)			(0.030)
lev	−0.108	−0.218	0.183	−0.003	−0.007	0.004
	(0.224)	(0.224)	(0.216)	(0.017)	(0.017)	(0.017)
growth	−0.640***	−0.603***	−0.532***	−0.039***	−0.037***	−0.036***
	(0.082)	(0.082)	(0.079)	(0.006)	(0.006)	(0.006)
cost	1.188***	1.158***	1.019***	0.009***	0.007***	0.004*
	(0.028)	(0.029)	(0.030)	(0.002)	(0.002)	(0.002)
_Cons	−6.781***	−6.188***	−3.690***	0.021	0.042	0.099**
	(0.590)	(0.598)	(0.607)	(0.046)	(0.047)	(0.049)
Observations	3003	3003	3003	3003	3003	3003
R^2	0.349	0.357	0.394	0.407	0.426	0.357
F	649.61	498.65	391.72	17.69	14.71	13.64
Prob>F	0.0000	0.0000	0.0000	0.0000	0.0000	0.0000

注：括号中为相应的标准误差；*、**、***分别表示在10%、5%、1%的水平下显著。
资料来源：笔者根据 Stata16.0 软件计算得到。

（1）专有性资源的中介效应检验。检验专有性资源在研发创新能力与企业升级租金绩效之间的中介作用，以及专有性资源在市场营销能力与企业升级租金绩效之间的中介作用。表8-6的模型14结果显示，研发创新能力能够显著提升专有性资源水平（β=0.021，p<0.01）。表8-5的模型9结果显示，在控制研发创新能力下，专有性资源水平对升级租金绩效产生显著的正向影响（β=0.222，p<0.01）。同时，表8-6的模型15结果显示，市场营销能力能够显著提升专有性资源水平（β=3.638，p<0.01）。表8-5的模型10结果显示，在控制市场营销能力下，专有性资源水平对升级租金绩效产生显著的正向影响（β=0.185，p<0.01）。由此可以证明，专有性资源水平在研发创新能力和升级租金绩效之间发挥中介效应，专有性资源水平在市场营销能力和升级租金绩效关系之间发挥中介效应，即假设六和假设八成立。

（2）专用性资源的中介效应检验。检验专用性资源在研发创新能力与企业升级租金绩效之间的中介作用，以及专用性资源在市场营销能力与企业升级租金绩效之间的中介作用。表8-6的模型17结果显示，研发创新能力能够显著提升专用性资源水平（β=0.001，p<0.05）。表8-5的模型11结果显示，在控制研发创新能力下，专用性资源水平对升级租金绩效产生显著的正向影响（β=0.342，p<0.1），这表明专用性资源水平在研发创新能力和升级租金绩效关系间产生了中介效应。联系前述理论分析进行解释，研发创新需要大量的资金、人力、设备甚至厂房等投资，会在一定时间内提升企业的财产性资产即专用性资源水平，这种因研发创新能力提升而进行的专用性投资会显著提高企业专用性资源水平，并会对企业升级租金绩效产生显著的正向影响。由此可以证明，假设七成立。表8-6的模型18结果显示，市场营销能力能够显著提升专用性资源水平（β=0.125，p<0.01）。表8-5的模型12结果显示，在控制市场营销能力下，专用性资源水平与升级租金绩效间不存在显著关系，这表明专用性资源水平在市场营销能力和升级租金绩效间不存在中介效应。由此，假设九未通过验证。

回归结果基本验证了中介效应假设。

3. 基于调节效应的回归结果分析

表8-7列示了政府补贴对研发创新能力与企业升级租金绩效关系以及研发创新能力与专有性资源水平关系的调节效应分析结果。模型20的估计结果表明，政府补贴与研发创新能力的交互项系数不显著，即政府补贴在研发创新能力与升级租金绩效间并未表现出显著的调节作用。由模型22可知，政府补贴与

研发创新能力交互项系数为−0.002，在5%水平下显著，说明政府补贴在研发创新能力与专有性资源水平间的关系存在负向调节作用。政府补贴在以研发支出衡量研发创新能力促进专有性资源时有挤出效应。

表8-7　调节效应回归结果

变量	模型 19	模型 20	模型 21	模型 22
	prof	prof	exclu	exclu
exclu	0.192 ***	0.191 ***		
	(0.015)	(0.016)		
spec	−0.536 ***	−0.532 ***		
	(0.191)	(0.191)		
L1. inno	0.012 ***	0.012 ***	0.016 ***	0.015 ***
	(0.003)	(0.003)	(0.004)	(0.004)
L1. sub		0.002		0.037 ***
		(0.004)		(0.006)
L1. inno× L1. sub		−0.000		−0.002 **
		(0.001)		(0.001)
mpow	1.449 ***	1.454 ***	3.493 ***	3.505 ***
	(0.347)	(0.347)	(0.440)	(0.437)
mpow_sq	−0.625 ***	−0.627 ***	−1.198 ***	−1.202 ***
	(0.163)	(0.164)	(0.208)	(0.207)
hhi	2.846 ***	2.848 ***	4.552 ***	4.503 ***
	(0.298)	(0.298)	(0.373)	(0.370)
lev	−1.175 ***	−1.176 ***	0.096	0.075
	(0.169)	(0.169)	(0.217)	(0.215)
growth	0.210 ***	0.210 ***	−0.508 ***	−0.492 ***
	(0.062)	(0.062)	(0.079)	(0.078)
cost	0.522 ***	0.522 ***	1.001 ***	0.990 ***
	(0.028)	(0.028)	(0.030)	(0.030)
_Cons	4.771 ***	4.747 ***	−3.322 ***	−3.654 ***
	(0.481)	(0.483)	(0.612)	(0.609)
Observations	3003	3003	3003	3003

续表

变量	模型 19	模型 20	模型 21	模型 22
	prof	prof	exclu	exclu
R^2	0.431	0.431	0.462	0.472
F	232.65	190.26	339.75	274.00
Prob>F	0.0000	0.0000	0.0000	0.0000

注：括号中为相应的标准误差；＊、＊＊、＊＊＊分别表示在 10%、5%、1%的水平下显著。
资料来源：笔者根据 Stata16.0 软件计算得到。

三、门槛回归结果分析

(一) 专有性资源水平门槛

依据前文的理论分析可知，企业凭借资源位势差异获取竞争优势，决定了其在租金分配中的讨价还价力量，处于高位资源水平的企业，租金绩效较高，升级动力效应较强。相较于财产性的专用性资源，知识性的专有性资源是高位资源，正是 Lavie 指出的网络租金的实质根源即内生性的"李嘉图租金"。不同的资源水平对企业的升级租金绩效影响可能并不相同。许多企业升级过程中尤为重视研发创新能力的提升，目的是提升自身专有性资源水平以提高升级租金绩效。因此，本书需要进一步分析不同资源位水平对企业升级租金绩效的贡献，探索可能出现的促进效应拐点。具体操作是在企业升级租金绩效的动力机制模型基础上，采用 Hansen 提出的面板门槛模型以及 Bootstrap 抽样，基于数据本身的特征确定资源位水平的分界点，以刻画这种非简单线性效应。

在设定面板门槛模型时，需要先确定门槛数量。根据前文所述的方法，本书对面板门槛模型设定分别进行以下三组假设检验：①H_0^I：不存在门槛，H_1^I：存在单一门槛；②H_0^{II}：只存在单一门槛，H_1^{II}：存在双重门槛；③H_0^{III}：只存在双重门槛，H_1^{III}：存在三重门槛。这里将资源位水平（exclu）设置为门槛，依次在不存在门槛、单一门槛和双重门槛的设定下进行估计检验，相应的检验结果如表 8-8 所示。

表8-8 专有性资源水平门槛估计与门槛效果检验

模型	门槛估计值与置信区间		门槛效果自抽样检验	
	门槛估计值	95%置信区间	F 值	p 值
单一门槛	16.3696	[16.2807, 16.3853]	11.63 ***	0.0033
双重门槛	16.3696	[16.2807, 16.3853]	11.65	0.5967
	18.6108	[18.2104, 18.6285]		
三重门槛	19.8299	[19.6661, 19.8392]	11.68	0.5467

注：*** 表示在1%的水平下显著。

资料来源：笔者根据 Stata16.0 软件计算得到。

表8-8 列示了专有性资源水平门槛估计值和置信区间。检验结果表明，单一门槛的自抽样 p 值均十分显著（p＝0.0033），专有性资源在1%的显著性水平上通过单一门槛检验，而双重门槛模型与三重门槛模型均未通过检验，说明促进制造业企业升级租金绩效的专有性资源动力要素存在十分显著的专有性资源水平单一门槛效应，进一步门槛估计值为 16.3696。因此，结合上述固定效应模型，本书设定以下单门槛回归模型，来考察企业专有性资源水平影响升级租金绩效的门槛效应。

$$\text{prof}_{i,t} = \beta_0 + \beta_1 \text{exclu}_{i,t} I(g_{i,t} \leq \gamma) + \beta_2 \text{exclu}_{i,t} I(g_{i,t} > \gamma) + \beta_3 \text{spec}_{i,t} +$$
$$\beta_4 \text{inno}_{i,t-1} + \beta_5 \text{mpow}_{i,t} + \beta_6 \text{mpow\_sq}_{i,t} + \beta_7 \text{hhi}_{i,t} + \beta_3 \text{spec}_{i,t} +$$
$$\sum_j \phi_j \text{Controls} + \varepsilon_{i,t} \tag{8-9}$$

根据该门槛值，可以将各企业分为低资源位水平（exclu≤16.3696）和高资源位水平（exclu>16.3696）两类。为了更为清晰地观测门槛值的估计和置信区间构造经过，利用最小二乘的似然比统计量 LR 识别门槛值，门槛估计值即为 LR 为零时 γ 的取值，绘制的门槛估计值的似然比函数图如图 8-1 所示。

表8-9 报告了门槛模型的回归结果。结果表明，专有性资源水平对企业升级租金绩效的影响存在门槛性，当专有性资源水平低于门槛值 16.3696 时，其对升级租金绩效的影响系数为 0.286，且该变量在1%水平下显著；当专有性资源水平跨越门槛值 16.3696 达到高资源位水平时，其对升级租金绩效的影响系数为 0.255，且该变量在1%水平下显著。整体来看，专有性资源 exclu_1 和 exclu_2 的影响系数均高于模型 5 中的系数，这表明专有性资源能显著促进升级租金绩效。同时，专用性资源与升级租金绩效显著负相关，系数影响更大一些，相较于专有性资源的知识性租金攫取效用，专用性资源的绩效反蚀作用更明显。

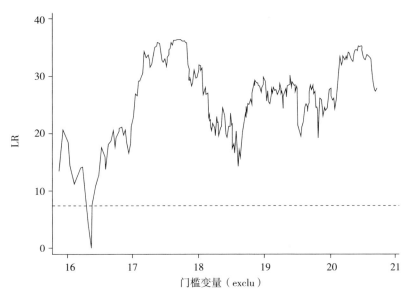

图 8-1 专有性资源水平门槛估计值与置信区间

说明企业应更加重视提升专有性资源水平，适当降低资产的专用性依赖、将有利于促进企业升级并获取租金绩效。其他解释变量和控制变量的系数相差不大、正负显著性基本无变化。这同时也表明了研究结果的稳健性。但是进一步观察门槛模型的回归结果可知，当专有性资源水平超过高位门槛时即 exclu >
16.3696，相较于 exclu≤16.3696，对绩效的影响系数略有降低，说明高位资源对我国制造业企业升级租金绩效的促进效用尚未得到有效发挥，资源利用率存在需要提升的空间。由于专有性资源的知识属性较高，专有性资源水平越过高位门槛时，要求企业的吸收能力越强、对知识和技术的应用能力也越强，否则对促进企业升级租金绩效的门槛放大效应不明显，下一步应考虑采取相应措施提升企业的知识和技术转化效率，提高资源整合能力，促推企业升级和租金绩效。

表 8-9 专有性资源水平单一门槛模型估计结果

变量	系数估计值	T 值	p 值
exclu_1 （exclu≤16.3696）	0.286 ***	12.868	0.000
exclu_2 （exclu>16.3696）	0.255 ***	13.625	0.000
spec	−0.644 ***	−3.378	0.001
L1. inno	0.012 ***	3.848	0.000

续表

变量	系数估计值	T 值	p 值
mpow	1. 304 ***	3. 772	0. 000
mpow_sq	−0. 574 ***	−3. 526	0. 000
hhi	2. 710 ***	9. 114	0. 000
lev	−1. 151 ***	−6. 848	0. 000
growth	0. 220 ***	3. 556	0. 000
cost	0. 500 ***	17. 983	0. 000
_Cons	4. 044 ***	8. 182	0. 000

注：*** 表示在 1% 的水平下显著。

资料来源：笔者根据 Stata16. 0 软件计算得到。

表 8-10 进一步列示了高资源位企业（即专有性资源水平高于门槛值 16. 3696 的样本企业）的升级租金绩效的固定效应模型估计结果。结果表明，对于高资源位企业而言，专有性资源和专用性资源水平与升级租金绩效间均存在显著相关关系，相较于模型 5 的系数均更高，说明资源水平高低差异会对企业升级租金绩效产生显著的促进效应和反蚀效应，在企业质量升级过程中，应战略性审视专用性投资，以免形成专用性依赖。另外，以开发支出衡量的研发创新能力对升级租金绩效的促进效应影响系数较小，说明高资源位企业更需关注自主创新能力的提升，加大关键技术、核心能力的研发攻坚，将会引擎企业"质量升级"和获取租金绩效。此外，市场营销能力的代理变量均显示出对升级租金绩效存在显著正相关关系，同时，控制变量与升级租金绩效也均表现出显著的相关关系。与模型 5 的系数和显著性基本一致。

表 8-10　高资源位企业固定效应模型估计结果

变量	系数估计值	T 值	p 值
exclu	0. 279 ***	12. 859	0. 000
spec	−0. 590 ***	−2. 909	0. 004
L1. inno	0. 010 ***	3. 241	0. 001
mpow	1. 037 ***	2. 774	0. 006
mpow_sq	−0. 484 ***	−2. 851	0. 004
hhi	2. 591 ***	8. 465	0. 000

变量	系数估计值	T 值	p 值
lev	−1.114***	−6.286	0.000
growth	0.227***	3.481	0.001
cost	0.509***	15.812	0.000
_Cons	3.397***	6.271	0.000

注：*** 表示在 1% 的水平下显著。

资料来源：笔者根据 Stata16.0 软件计算得到。

（二）分地区门槛样本的估计结果及其分析

我国幅员辽阔，各地区尤其是东部、中部、西部地区，人均受教育程度、研发投入、技术创新能力、城市化水平及情况均存在很大的差异性，而这些差异对各地区制造业企业发展与转型升级的影响也较大（阳立高等，2018）。因此，本书将样本数据涉及的各省份归类为东部、中部、西部三类地区，以专有性资源位水平为门槛变量，按照估计的门槛值划分出较高专有性资源位水平区间的样本 exclu>16.3696，下文称为高资源位企业。分析制造业企业的专有性资源水平高低差异对升级租金绩效的影响效应，并分地区进行分析，为后续总结企业获取竞争优势性租金绩效的升级动力要素成功基因，更好地推动地区制造业企业发展制定升级路径、获取升级租金绩效提供理论和实证支持。

图 8-2 列出了 2008 年、2012 年、2015 年和 2019 年不同省份制造业企业的专有性资源水平门槛通过情况。从各省份高资源位水平企业数的截面数据可以得知：2008 年仅青海未出现高于门槛值的企业，2012 年 28 个省份均拥有 1 个或 1 个以上达到高资源位水平的企业，2015 年和 2019 年大部分省份达到高资源位的企业数量均有提升。此外，安徽、河南、福建、湖北、四川、江西等 9 个省份在跨年期的高资源位企业数均达到 5 个以上 20 个以下，相较于青海、广西等 16 个省份企业的专有性资源水平更高。江苏、广东、浙江三个省份各期的高资源位企业均达到 20 个以上，相较于其他省份企业的专有性资源水平处于较强资源位势。此外，广州、浙江两省高资源位企业一直位居前列、不相上下，江苏紧追不舍，上海、山东、北京紧随其后。此外，辽宁、山西、河北、四川努力改善并不断提升其企业专有性资源水平。观察增长趋势可以发现，高资源位企业东部省份与中部、西部省部之间分布的差距不但没有缩小反而进一步扩大。

这说明东部省份如浙江、广东和江苏等地自 2008 年金融危机后，在新一轮全球价值链网重构背景下积极引导制造业转型升级，加大知识创新力度，重视关系专有性投资和提升制造业的资源位水平，从而改善租金绩效占比，具有"价值增质"升级功效。

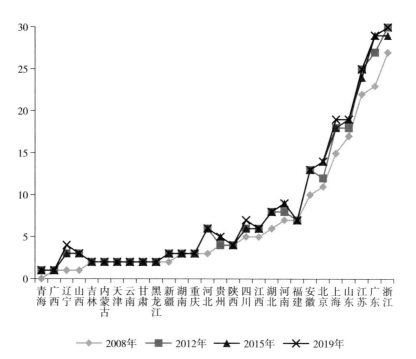

图 8-2　2008 年、2012 年、2015 年、2019 年各省份企业高资源位水平门槛通过情况

资料来源：笔者自行整理绘制。

　　表 8-11 列示了我国高资源位企业东部、中部与西部地区固定效应模型估计结果的对比分析。整体来看，高资源位企业东部、中部、西部地区相关解释变量的系数方向及显著性水平与表 8-4 基本一致，这表明了研究结果的稳健性。进一步分析估计结果，专有性资源对升级租金绩效的促进效应中，东部地区高资源位企业表现的影响作用最大，其次是西部，最后是中部，可能原因是东部地区对高技术的吸收能力较强、知识转化效率较高；西部地区主要是对成熟技术的吸收能力较强；中部地区因其研发资金及人员投入相对不足，还未能跨越技术吸收门槛，因此创新产出较弱。另外，专有性资源的显著促进效应和专用性资源的显著反蚀效应仅在东部地区高资源位企业样本检验结果中显示，这也

与东部地区技术密集型企业较多而中西部地区的劳动密集型企业占比更大有关。此外，以研发支出衡量的企业研发创新能力对绩效的促进效应，东部地区高资源位企业表现得并不显著，反映出该地区高资源位企业应更加注重通过自主创新能力和技术吸收能力的提高促进企业升级并获取租金绩效。总体来看，通过对回归结果的分析，本土制造企业不能过度依赖专用性投资来促进升级，反而专用性资源水平越高，越不利于实现升级绩效，这与 Dyer（2008）和项丽瑶等（2015）的研究结论是一致的。本土制造企业必须通过资源位水平的结构调整，依靠关系资源、知识产权、技术、声誉等投资培育专有性资源位才能促进租金绩效和企业升级，而高资源位水平的租金攫取绩效会更高，这与孙凤娥（2016）和项丽瑶（2015）的结论是一致的。这部分实证检验结果证实了资源位的高低是直接决定企业的网络竞争态势和网络租金获取力的重要因素，而且依据 Lavie（2006）提出的网络租金的本质是企业内生性的"李嘉图租金"，重点考察了作为"李嘉图租金"的来源，专有性资源水平具有门槛效应，并进一步找到了门槛阈值。

表 8-11　高资源位企业东部、中部、西部地区固定效应模型估计结果

变量	东部	中部	西部
	模型 19	模型 20	模型 21
exclu	0.318 ***	0.188 ***	0.229 ***
	（0.025）	（0.055）	（0.060）
spec	−0.641 ***	−0.572	−0.447
	（0.238）	（0.521）	（0.569）
L1. inno	0.006	0.025 ***	0.007
	（0.004）	（0.008）	（0.008）
mpow	0.948 **	2.119	3.883 **
	（0.459）	（1.872）	（1.947）
mpow_sq	−0.439 **	−2.481	−9.010 **
	（0.190）	（4.369）	（4.375）
hhi	3.157 ***	0.981	2.088 **
	（0.349）	（0.842）	（0.879）
lev	−0.975 ***	−1.190 **	−1.786 ***
	（0.199）	（0.525）	（0.493）

续表

变量	东部	中部	西部
	模型 19	模型 20	模型 21
growth	0. 186 **	0. 525 ***	0. 177
	(0. 079)	(0. 161)	(0. 162)
cost	0. 416 ***	0. 682 ***	0. 680 ***
	(0. 037)	(0. 086)	(0. 096)
_Cons	4. 616 ***	1. 319	1. 074
	(0. 636)	(1. 374)	(1. 633)
Observations	1, 854	557	357
R^2	0. 437	0. 406	0. 448
F	145. 49	38. 06	28. 70
Prob>F	0. 0000	0. 0000	0. 0000

注：*、**、*** 分别表示在 10%、5%、1%的水平下显著。
资料来源：笔者根据 Stata16. 0 软件计算得到。

四、实证结果分析

(一) 结果分析

通过对以上的实证设计与回归分析，对影响企业升级租金绩效的动力要素和动力路径的假设模型进行验证，得出如表 8-12 所示的结果：

表 8-12　研究假设检验结果汇总

标号	研究假设	检验结果
假设一	专有性资源对企业升级租金绩效呈正向的显著影响	通过
假设二	专用性资源对企业升级租金绩效呈负向的显著影响	通过
假设三	专有性资源与企业升级租金绩效之间存在正向门槛效应	通过
假设四	研发创新能力对企业升级租金绩效呈正向的显著影响	通过
假设五	市场营销能力对企业升级租金绩效呈正向的显著影响	通过
假设六	专有性资源水平在研发创新能力与企业升级租金绩效中起到中介作用	通过
假设七	专用性资源水平在研发创新能力与企业升级租金绩效中起到中介作用	通过

续表

标号	研究假设	检验结果
假设八	专有性资源水平在市场营销能力与企业升级租金绩效中起到中介作用	通过
假设九	专用性资源水平在市场营销能力与企业升级租金绩效中起到中介作用	未通过
假设十	政府补贴在研发创新能力与升级租金绩效中起到正向的调节作用	未通过
假设十一	政府补贴在研发创新能力与专有性资源中起到正向的调节作用	未通过

本书是从战略竞争优势的资源位势构建角度对我国企业升级租金绩效的内在动力机制进行的研究，在对企业"质量升级"的内在动力要素及动力作用路径分析的假设及模型基础上，对我国制造业企业内部资源位势的存量和流量两个层面的动力要素和动力作用路径进行相关影响效应验证。

一是实证结果验证了企业升级租金绩效的动力要素。专有性资源显著促进企业升级租金绩效；专用性资源因其专用性依赖在一定程度上会反蚀企业租金绩效，不利于企业"质量升级"；提高企业的研发创新能力会显著促进升级租金绩效；企业市场营销能力的增强表现为市场势力的提升会显著促进升级租金绩效；但是政府补贴的调节效应未通过验证。

二是实证结果验证了企业升级租金绩效的动力路径。直接效应检验和中介效应检验验证了"资源—绩效"的动力路径，"能力—绩效"的动力路径，"能力—资源—绩效"的动力路径。表明了企业自身的资源和能力是促推升级和获取租金绩效的内在动力要素，企业自身的资源存量优势会随时间推移而改变，必须不断通过动态能力补给保持和提升资源存量优势，这是企业保持长期竞争优势和租金绩效的重要途径。

实证结果验证了资源位理论拓展框架及资源位视角下企业升级租金绩效的动力机制。通过选取制造业企业的样本数据进行实证研究和结果分析，可以从理论与实践相结合的层面对相关策略构建展开分析与思考。

（二）研究发现

（1）中国相关省份样本数据证实了企业的专有性资源和研发创新能力、市场营销能力均具有显著的升级租金绩效的动力效应，专用性资源在一定程度上会反蚀升级功效，不利于租金绩效的攫取。分步检验结果支持主因素效应，企业资源位结构中的存量水平和流量能力与升级租金绩效显著相关。

（2）中介效应检验揭示了资源位流量能力在企业升级中的生态动力效应，

即研发创新能力和市场营销能力不仅能够显著地直接提高升级租金绩效，还会在一个动态时期内累积提升资源位势从而促进升级租金绩效。

（3）调节效应检验了政府补贴在研发创新能力和升级租金绩效的关系中未产生显著的调节作用。但是，政府补贴在研发创新能力和专有性资源水平的关系中有负向调节作用，说明政府补贴在以研发支出衡量的研发创新能力提升知识性专有性资源水平之间有挤出效应。需要提高政府支持的精准度和政策制度的质量，助推企业提高研发创新能力和知识转化效率。

（4）从全国所有地区的面板门槛回归结果来看，专有性资源水平对促进升级绩效存在显著的单门槛效应，按照门槛值划分出高资源位水平样本并观测省份分布情况得出，东部省份企业与中西部省份企业之间的高资源位水平差距不降反增，而且地区资源位势差异所引致的绩效差异在观察年份区间逐步加大。验证了其之间存在资源位势差异，资源高低水平是企业升级租金绩效的动力效应指示器。

第九章　研究结论与对策建议

第一节　研究结论

实现租金绩效是中国企业主动性提升"质""量"绩效和实质性升级的高效指示器。企业实践中，受限于主流成熟理论是跨国旗舰企业利益假设下的问题研究，忽视价值权力，过分强调"价值增量"的升级，使部分本土企业身陷"向下竞争"的伪升级困境，失去参与新一轮网络重构的价值权力争夺资格。向"价值增质"的升级转型是本土企业"向上竞争"的高端升级道路，能够赢得网络位势的长期竞争优势。因此，"价值增质"的能力是本土企业升级能力的本质内涵，实现升级"质量"绩效即租金绩效。

本书在理论上融合 GVC 价值治理和企业升级理论，在当前中国经济从高速度增长转变为高质量发展的背景下，从租金角度界定企业的"质量升级"，提出企业升级租金绩效的研究新命题，即"价值增质"的能力是企业的升级能力，涉及租金创造（Romero & Tejada，2011），实现的"价值增质"绩效即升级租金绩效，这为突破"伪升级"困境、实现企业"质量升级"问题的研究提供了一个全新的解释路径。

如何实现租金绩效涉及推进企业 GVC 升级的力量要素，实质根源是价值增质的内在动力要素。目前国内外文献对有关企业升级的动力与绩效的研究相对较少，相关研究内容主要集中于技术创新能力或某个要素上，缺乏对驱动企业升级并获取租金绩效的动力机制全貌式研究。本书关注持续性推动企业"微观经济层面的租金分配份额增长"的内部力量要素，国内外相关研究指出，这种竞争优势和租金绩效的差异取决于企业的资源位势差异，即企业资源位。本书拓展了资源位理论框架探讨与租金绩效的逻辑关系及升级机理，从资源和能力的角度研析了企业升级租金绩效的动力机制。实证研究中，构造全国 28 个省份上市制造企业 2007~2019 年的面板数据，检验了动力要素和动力路径的影响效应。研究结果对于本土企业如何寻求"质量升级"、培育何种能力以及构建何种路径才能实现升级租金绩效，推进实施中国制造强国发展战略提供了重要的研究启示。

本书通过实证研究，得出结论如下：一方面，要加快构建中国企业的生态资源位结构和制定阶梯升级策略。重视以标准、知识产权、关系资源和商誉等为主的关系专有性投资，培养高价值、稀缺的、难以被竞争对手模仿和替代的高位资源优势，这是实现本土企业攫取"李嘉图租金"和"价值增质"式升级的本质。同时，引擎企业"质量升级"的生态动力源，加大研发创新力度和市场营销势力培育，保持资源位优势，以创新驱动企业技术根植和市场根植，逐步实现竞争优势的升级。另一方面，资源位水平发达的东部地区，因专有性投资形成的专有性资源具有较高的知识保护和技术壁垒特征，向不发达地区的空间创新溢出效应较弱，中西部地区在"一带一路"和产业结构布局空间调整的发展背景下，应抓住发展机遇，积极承接东部地区制造业转移的同时，加快技术引进的学习吸收和自主创新，以创新驱动战略培育起专有性资源优势，利用生态动力机制努力缩小地区资源位势差异，提升企业升级租金绩效的能力。另外，政府还要运用国家宏观调控政策建立健全本土企业创新驱动升级的激励机制和区域联动机制，优化制度供给能力，加快东部地区和中西部地区的协同发展，全面推动中国企业质量升级，实现产业向全球价值链中高端攀升。

本书试图回应和解决一直困扰理论学者和企业实践的难题：企业升级缺乏哪些要素？企业内部哪些要素对"质量升级"起着作用？本书基于中国制造业上市公司十多年期间升级数据的广谱性解释机制，从竞争优势的战略资源观、能力观、升级观，着重揭示企业"价值增质"式升级的内源性动力、租金绩效的动力路径，向整个制造业、不同行业的制造企业明晰"价值增质"的升级内涵、培育升级势能、攫取升级租金绩效提供理论借鉴。同时，本书的研究结果揭示了"资源位"是长期竞争优势的升级动力源泉。处于高资源位水平的企业是产业内、行业内的优秀企业，其核心竞争力对培育一流企业、发展先进制造集群有着重要的启示意义。

第二节 对策建议

研究结论对于中国企业寻求何种升级、培育何种动力要素以及构建何种路径才能实现升级绩效，推进实施中国制造强国发展战略提供了重要的构建策略的启示。

一、推动企业"质量升级"理念落地落实

(一) 重视企业价值主体地位，加强企业质量升级的理念培养

在经济由高速度增长阶段转向高质量发展的阶段，党的十九大报告指出"我国正处于转换增长动力的攻坚期"，中央经济工作会议指出，需要"推动动力变革"并"大力培育新动能，强化科技创新"，中国各地政府也明确将"转型升级提质增效"作为工作主线，多次强调必须加强创新驱动，加快转型升级，提升在全球经济治理中的话语权。以"促进我国产业迈向全球价值链中高端"。在实现这一发展目标的推进过程中，党的十九大报告明确提出要"培育具有全球竞争力的世界一流企业"。企业是经济价值和社会价值的主要创造主体，现代化经济强国离不开企业的兴盛，一个大国的现代化经济体系更离不开世界一流企业的支撑（黄群慧等，2017）。

中国企业快速融入全球市场经济体系，通过嵌入全球价值链进而展开国际化竞争是国内企业进入全球市场和推动产业整体升级的核心举措，中国企业充分发挥了自己的比较优势，在促进自身制造业发展和工业化进程的同时，也为世界经济增长和经济全球化进程做出了贡献（刘川，2015）。经过多年的探索和实践，中国企业总体上实现了跨越式发展，无论是在扩大规模上，还是在发展质量上都取得了很大的成绩。学者在中国制造业的相关研究中指出，层次提升"质"的影响初现（张帅，2021），2018年前后中国制造业重新布局，转移的产业技术层次表现出明显的"升级"，如中国对越南和马来西亚的机械与电子产品、新加坡的软件电子产品、菲律宾的金属与碳氢化合物产业、马来西亚和印度尼西亚的钢铁产业等的投资，这些大都为中国目前仍具有优势的机电产

业与重化工产业（James，2019）。东盟国家在新兴产业领域对中国高科技制造类企业的吸引力也得以提升（Deepshikha，2019）。但是，近年来随着全球产业竞争范式的转变，积极参与国际分工并向全球价值链中高端攀升的中国企业遭遇新的升级冲击。同时，全球经济下行和产业低端竞争日益加剧，中国企业面临双重挤压风险，迫切需要寻求新的发展动力。而那些已经嵌入全球价值链又处于低端锁定状态的中国企业，怎样更精确地辨识全球价值链的增值环节，继而改变全球价值链的嵌入环节与方式，以及如何在全球价值网络新格局的动态演化中，突破贫困式增长升级窘境，赢得网络价值权力，已成为企业目前急需解决的战略性与紧迫性命题。

虽然近些年，理论界和企业普遍意识到并重视实现从"价值增量"向"价值增质"的升级，但由于长期忽视"价值权力"和竞争优势的培育，企业突破"低端锁定"的升级动力不足，亟待重塑企业高质量发展的主动意识和战略意识，培育升级动能。因此，应重视企业价值主体地位，引导价值权力的主动性，充分发挥企业"质量升级"的能动性。

（二）强化企业质量升级的理论支撑体系，推动理念落地落实

伴随着企业由"量"的发展转向"质"的发展诉求时期，中国企业具有实践有效升级、提升在全球经济治理中的话语权的迫切需求。目前，无论是从实践层面，还是从理论层面来看，研究与应用都处于探索阶段，难以满足全球价值链重构情境下中国企业成长的理论与实践指导需求。中国企业"提质增效"也不能盲目借鉴与模仿，需要建立一套具有本土适应性的理论体系。百年之未有大变局对企业质量升级而言，需要理论学科的交叉应用、综合新视角的研究，强化企业质量升级的理论支撑体系，推动理念落地落实。

推动企业质量升级的目标是持续竞争优势性的成长，成为行业标杆或国内外一流企业。当前，关于世界一流企业有一个四维分析框架，黄群慧等（2017）指出高质量发展也应该遵循这个框架的指导。按照世界一流企业的培育理念，主要是围绕四个方面：一是价值导向，包括政治使命、社会责任、组织文化、企业价值以及企业家精神；二是资源基础，包括人力资源、企业家、核心产品以及财务资本；三是动态能力，包括公司治理能力、管理创新能力、组织创新能力以及技术创新能力；四是战略柔性，包括战略定位、战略规划、业务转型以及国际化战略，其中，战略柔性可以保证企业持续的发展。本书认为可以考量"高质量""一流"的构建标准，从四个方面强化对企业质量升级

的理论支撑。

一是价值立场。本书的研究命题就是源于对企业实践与管理理论相脱节的思考，即本土企业在全球价值网络新格局的动态演化中正面临着价值权力不断销蚀的"贫困式增长"升级困境，目前主流理论对本土企业升级指导存在"本体错位"和"绩效盲点"两大局限。对"升级"的价值立场的局限性，未能有效解释本土企业管理实践中的"伪升级"问题，亟待突破"伪升级"悖论、寻求"价值增质"升级。理论上融合 GVC 价值治理与升级理论，从租金攫取角度界定企业升级新命题，本质内涵涉及租金创造，实现的租金攫取份额是"质量"升级绩效。本书对企业升级租金绩效的内在理论体系的探讨，正是对中国企业升级的价值权力的主动性主张。当然本书仅是基于租金和价值权力基础上的一些思考和研究，Porter（1985）指出价值链中各环节附加值并不均匀，有的环节创造价值高，有的环节创造价值低（魏龙、王磊，2017）。如何有效识别价值环节、如何突破既有价值链以及参与价值链重构并获取治理权力，更多的理论研究将站在中国本土企业的价值立场展开，形成理论支撑体系。

二是资源位。中国企业要实现全球价值链的中高端升级以获取租金绩效，关键在于企业自身应具备充足、完备的升级动力。本书关注企业价值主体的内部动力，从资源和能力角度探讨企业升级租金绩效的内在动力机制及构建。按照企业质量升级的目标是促进企业攀升至价值链的中高端，努力建成具有影响力的行业标杆或世界或国内一流企业，推动经济高质量发展。资源基础是企业质量升级的竞争优势基础，战略学者又将企业的竞争优势归于"强势资源位置"（Dierickx & Cool，1989），价值网络中的企业资源基础不同，形成了企业资源位，资源位的差异在战略管理文献中被描述为资源在价值创造性以及竞争优势上的差异。一些学者已经关注到企业资源的知识性和财产性、专有性和专用性等特征，探讨了资源基础对企业价值获取力（即竞争力）和绩效的影响，但是对企业升级的影响性研究可综合之前片段化的成果继续推进，以形成相应的理论支撑。

三是动态能力。本书认为动态能力是企业资源基础的有益补充，资源位势不是一成不变的企业的动态能力能在一定时期改变企业的资源位；同时动态能力也是竞争优势的绩效来源。本书仅选取研发区段和市场区段的两个动态能力，考查了研发创新能力和市场营销能力对升级租金绩效的直接促进效应和间接促进效应。但是推动企业质量升级的动态能力不仅于此。Teece 提出企业在面临复杂多变的环境下需要不断地整合、提升内部资源与能力，以获取持续竞争优势，即动态能力假说。动态能力是基于资源基础理论的，一种开发新的核心资源和核心能力的能力，是以应对快速变化的宏观环境的重新配置、组织从而形成新的竞争优势的能力（Teece et al.，1997；Sapienza et al.，2006）。这种重构能力就是动态能力，它具有"动态性"和"能动性"的特征，后来很多学者从不同维度扩展和发展了动态能力理论，如 Blyler 和 Coff（2003），Dutta、Nar-simhan 和 Rajiv（2005），Ethiraj、Kale、Krishnan 和 Singh（2005），Pan 和 Hishe（2006）等，但基本上没有脱离 Teece 等（1997）的基本观点，动态能力如制造能力、研发能力、营销能力、管理能力等（余建平，2020）。特别是随着产业边界融合与变动较为频繁、制度环境变化越加剧烈，是否能够发展出适应市场环境变化的动态能力成为企业能否转型成功的关键（何小钢，2019）。复杂的国际经济形势和价值链重构情境下的动态能力研究深化，是推动企业质量升级的理论支撑。

四是制度支撑体系。战略柔性表现为企业战略柔性和国家战略柔性，企业战略柔性表现为企业质量升级，国家战略柔性在国际经济面临下行压力等的复杂形势下表现得更加明显，因此本书提出制度支撑的相关理论体系是企业质量升级的有益理论补充。升级会导致原有的利益分配失衡。中美贸易摩擦直接影响着中国全球价值链嵌入模式，导致全球范围出现了贸易、投资以及产业的转移效应，改变了国际分工格局，产生新的价值链等（吕越等，2019），全球价值链重构的原始形式也因此受到多重影响。但是中国企业不能就此止步不前，停止攀升全球价值链高端。如何发挥制度优势，战略上柔性调节中国企业升级窘境，需要释放制度支撑红利。中国全力参与全球价值链的重塑，制造业起到重要的促进作用（肖沛棋，2021）。面对多重因素叠加导致中国制造业加速向南转移的状况，中国已开始在相关领域做出制度调整，防止外在压力导致制造业过快转移，为中国制造业对内进行产业升级、对外搭建自身的国际分工网络争取时间。同时通过"一带一路"倡议，引导相关企业，利用"顺梯度投资"性质，深化中国企业与相关国家企业之间的产业分工，有效巩固自身在全球分工体系中的地位，避免因非经济因素被国际分工体系孤立（张帅，2021）。随着中国参与全球价值链的程度逐步加深，贸易摩擦也能得到有效缓解，即参与度具有"润滑剂"的作用（余振等，2018）。中国应不断推进经济全球化和深化国际化分工，以维护制造业外部市场的开放性为出发点，在区域和全球的经济合作为中国企业开拓更为稳定的市场，更能通过区域层面的制度建设推动全球经济制度变革（张帅，2021）。这迫切需要制度支撑理论体系的进一步构建。

二、提高价值链中高端的专有性能力和资源位水平

本书认为实现租金绩效的升级动力根源是资源位的生态根植。要加快构建中国企业的生态资源位结构和制定阶梯升级策略，具体通过以下几方面策略构建来提高企业攀升价值链中高端的专有性能力和资源位水平。

(一) 增强专有性意识，突破专用锁定

重视以标准、知识产权、关系资源和商誉等为主的关系专有性投资，培养高价值的、稀缺的、难以被竞争对手模仿和替代的高位资源优势，这是实现本土企业价值增质式升级的动力根源。本书通过前述的理论分析和实证检验，将战略研究视角转向企业内部，验证了企业自身的专有性资源位势是解释企业获利和成长的竞争优势根源。专有性资源因具有知识性、技术性资源特征，是独特的异质性资源，正是网络租金的实质根源即"李嘉图租金"。本书将企业保持专有性资源竞争优势的能力视为一种升级能力。

然而实证结果显示，在影响企业绩效的自身资源中，专用性资源负向系数较大。说明我国制造业企业在一定程度上仍囿于专用性投资，无论由于订单依赖、升级惰性、技术壁垒还是风险厌恶等原因，多数制造业企业只能限于工艺升级、功能升级等。这使企业为谋求成长向更高端升级目标前进时，需要获得价值链高端的专有能力，需要建立起网络权利，这就偏离了原有的定位，可能出现与核心企业的利益冲突，如果企业没有足够的动力去改变这种升级束缚，就会落入升级陷阱。事实证明，很多嵌入在发达国家跨国公司主导的全球生产网络中，并对网络领导企业产生了较强专用依赖的企业很难突破这一困境。学者认为全球生产网络内的企业能力具备专用性和专有性两重特征，专有性能力是对 GVC 中企业能力的价值性、稀缺性、不可替代和难以模仿性特征的概括，企业凭借其专有性能力参与并完成价值创造过程（蒙丹，2011）。一味地扩大投资规模并不能改变企业处于价值链低端的现状，反而会导致企业陷入"贫困化增长"陷阱。这需要政府转变观念，给予一些可行的解决办法，加速技术资源、人力资源在市场上的调整和配置，加大对相关人员的培训，提高劳动力素质（周长富、杜宇玮，2012）。

因此企业必须提高资源专有性水平，增强价值链高端的专有性能力意识，突破专用锁定。对企业来说，仅停留在生产制造环节显然无法实现升级目标，

企业通过策略性发展网络关系，比如通过新的网络关系的建立，改变不利的网络环境，突破自身在原有网络中的功能定位，降低专用锁定的风险；比如增加与具有异质性资源合作对象的密切合作，调整自身与网络核心的合作关系，可更好地利用网络内知识的共享机制促进企业培育专有能力，减少对特定合作对象的专用依赖以降低专用锁定的风险（姚书杰、蒙丹，2014）。企业资源专有性水平越高，对于合作者来说越重要，并且可替代程度越低、越能形成合作者对自身的依赖，也就能够为它赢得更多价值权利。企业必须正视和更好地融入价值网络中，提高自身专有性能力，逐渐形成一种网络对网络的竞争态势，这样才能实现升级。

（二）加强专有性资源域的联结广度和质量

企业主动地进行更大范围的资源整合和网络构建活动，就可能为自己创造更多发展空间和升级机会，为升级赢得宝贵的时间。一是通过各种方式拓宽合作渠道、增加合作伙伴的多样性。中国企业处于由产业链上下游合作伙伴、政府、高校和科研院所组成的网络环境中，当跨国公司使用战略俘获阻止企业获取自主创新所需要的资源和信息时，企业应与网络中其他有互补性资源的成员建立良好的合作关系，以获取网络创新资源的分享（胡大立等，2020）。具有异质专有优势的合作者有助于企业弥补自身能力的不足，获得更多信息和学习不同知识，提高企业网络内的学习效应和溢出效应，也即"网络伙伴的多样性提供了企业能够共享外部知识的异质性，从而使网络价值获得提升"（Cummins，2004）。二是提高与核心企业的密切联结和接近程度。全球价值网络中的非核心企业来说，建立与核心企业，特别是在整个行业拥有与较强竞争力的核心企业更加直接和紧密的联系，将有助于接触更多高端专有知识和依靠核心企业的市场垄断力实现更稳定和长期的利润增长，比如我国台湾企业通过网络位置的调整拉近与核心企业的距离而获得了更多的高端专有知识，加速了专有能力的提升，有效地推动企业能力提升（姚书杰、蒙丹，2014）。三是拓展资源域的广度。比如与高校和科研院所建立产学研合作，以获取提高企业专有性资源水平进行创新所需的知识和信息。此外，还需要重视国家政府层面的支持力度，在全球价值网络中，除了商业伙伴对企业优势提升有影响，政府机构和其他利益相关者也是企业网络资源的一部分。可以说，网络资源越丰富，越能为企业提供丰富的知识和信息进入路径（Uzzi，1997）；网络的空间覆盖越广，越能利用不同区域的比较优势。

（三）加强学习吸收能力，提升资源位优势

对发展中国家本土企业来说，专有知识的积累、专有性资源位势的培育并非朝夕之事，在这个过程中，如果企业学习速度不够快，或者在原网络主导者更换合作对象的威胁下，一味采取同业间低价竞争和不断的专用投资来维持专用关系，则可能陷入"低端锁定"状态，导致升级失败。一方面不能因此摒弃国际分工合作，根据罗家德（2010）所提出的"圈子理论"可知，长期的合作关系有利于目标的实现。全球价值链理论认为，嵌入全球网络为发展中国家企业提供了"从出口中学习"的机会（Salomon & Shaver，2005；Blalock & Gertler，2004）加入全球网络中，意味着网络将面临更加丰富和多变的技术条件（Humphrey & Schmitz，2002）。在与全球合作伙伴建立国际联结合作的过程中，为了满足全球顾客多样化的需求，集团网络需要不断扩充知识库，加强对多样化知识的获取，拓展资源共享广度（张慧敏，2018）。

在丰富知识和信息的基础上，切实提高企业自身的学习能力、技术吸收能力，培育资源整合能力、系统集成能力，这将会对提高企业专有性资源水平产生放大效应。本书实证结果显示，我国制造业企业的知识转化效率还有待进一步提升，尤其是高技术的知识应用能力亟待提升，因为这不仅制约了企业升级租金绩效的攫取，更重要的是学习吸收能力的门槛效应会以乘数效应加剧竞争优势差距，不利于成功突破低端锁定，还可能会丧失价值链中高端升级的权力。加强学习能力、技术吸收能力，资源整合能力、系统集成能力是提高企业专有性能力的关键。一是促进以企业为主体的自主创新，积极培育技术型企业，推进企业研发机构建设，增强企业科技吸收能力。二是通过实施技术创新共同参与策略，集合集群中各个企业的技术特长，促进企业之间进行技术互动，发挥技术所长，加大对地方产业集群升级具有关键作用的共性技术攻关，解决单个企业无法解决的技术问题，在更短时间内实现技术突破，增强学习中吸收的能力。三是加强与高等院校、科研机构、政府有关部门的合作，积极参与相关行业标准制定（胡大立，2016）。通过不断地学习与吸收，提高企业研发创新投入产出效率，培育创新型市场营销势力，提升资源位优势，以创新驱动企业技术根植和市场根植，逐步实现竞争优势的升级。

加强企业自主创新的知识转化率需要大量资金投入，比如实验和检测的设备、人才引进成本等。仅靠自身实力，企业很难成功完成创新孵化，往往需要外部资金的注入。然而中国制造业企业多为中小型规模，资本实力普遍偏弱，

代工模式的利润又相对微薄，再加上跨国公司的利润压榨，致使其无法积累自主创新所需的资金，从而影响其专有性资源的优势培育。因此，为了促进企业价值链升级，政府的产业支持政策必不可少，可采取激励性的补偿政策，如研发补贴、配套资金和税收减免等，也可以加大政府采购，支持本土企业营销渠道的开拓和自主品牌的构建，等等，为企业积累知识创新转换能力的资金提供支持。

（四）利用资源位区域差异，培育国内价值链

客体全球化向主体全球化的转变趋势中，全球价值链网正发生深刻重构。当前的贸易摩擦日益加剧，中国企业的外向市场势力被削弱，应更好转向和发展好国内市场资源，抵消外部不确定性和风险。本书实证研究发现，企业存在资源位势差异，不同专有性资源水平对升级租金绩效具有门槛效应和区域差异。国内不同区域间发展较不平衡，但是区域资源要素的差异性也是优势，在新一轮工业革命中，依托智能制造，利用资源位势差异，突破地域差异、技术壁垒，增强知识流动性、创新合作性，大力激发地域生产潜力和资源利用效率，释放技术红利。

一是利用资源位区域差异和溢出效应，构建依托国内市场和国内主导产业的国内价值链，实施针对性的制造业升级战略。东部、中部、西部地区制造业企业专有性能力整体上呈现由东部沿海向中部再向西部递减的态势。其中，东部地区由于制造业发展基础好，细分行业集中度较高，且毗邻世界经济中心，再加上大量的资金、技术和人才的汇聚，拥有较高的制造业升级水平。中部和西部地区劳动密集型制造业占比较大，研发资金及人员投入相对不足，其产业创新产出与升级活力较弱。充分利用资源位势差异，依托东部、中部、西部省份区域自身所具有的独特区位资源、资本和人才市场环境，国内资源要素相对健全的优势，依托国内市场和国内主导产业为核心构建生产网络，进行区域之间的资源配置梯度统筹协调，发挥东部第一梯队的区位优势及其"溢出"带动作用，凭借制造业与其相关产业的联系及扩散机制，加快西部地区劳动密集型制造业向资本密集型或技术密集型制造业升级的速度，不仅可为中国制造业培育新的产业增长点创造时间，还可通过资源梯度配置的快速响应，实现区域协同发展和区域升级。

二是利用以龙头企业为核心的产业链整合机制。以龙头企业为核心，实施资源位区域差异的有效配置，构建技术产业链。在贸易摩擦中，中国制造业的

非市场阻力因发达国家制造业回流而明显增强，影响了制造业的贸易环境和国际参与进程，同时制造业企业申请专利的进程受阻，抑制了企业创新能力的发展（肖沛棋，2021）。受贸易摩擦的影响，全球价值链重构对我国不同产业的影响表现出明显的差异性，其中，技术密集型产业受到的负面影响严重，但劳动密集型产业、低技术行业比较优势的影响并不显著（李宏等，2020）。因此，培养具有自主研发和产业控制能力的国内龙头企业，以龙头企业为核心的技术产业链不仅带动对资源位区域差异的有效配置，还能通过国内龙头企业的技术溢出效应带动价值链上其他企业技术能力的提升，为国内价值链的构建提供牵引力。但是也有学者提出由于区域制造业升级的最大"内患"是群体创新惰性，要构筑支撑制造业升级的核心技术链与核心产业链，从实践操作来看，精细的招商引资以及本土化培育是走出当前困境的有效途径，重点扶持数家有较强自主创新能力、辐射范围广的龙头企业，构建起区域内产业价值链重塑与整合的市场化机制，从而扭转处于低端环节锁定下的区域群体创新惰性。

三、提高研发创新能力和市场营销能力

（一）更加注重创新驱动，提高研发创新能力

我们必须承认，推动企业质量升级并迈向全球价值链中高端是一个长期和充满困境的过程。本书实证研究也证实了加大研发创新投入，不仅能够有效提升企业资源位势，还会促进企业升级绩效。随着科技强国战略、创新驱动战略、"中国制造2025"等一系列以推动科技创新为根本目标的国家重大发展战略的实施，我国科学技术获得稳步发展（阳立高等，2018）。在新发展理念的引领下，众多企业创新投入力度不断加大，创新能力不断增强。中国已经成为全球名副其实的专利申请大国和知识产权大国，专利申请数量世界第一但专利质量并未跟上，申请专利的企业不足1%，涉及产业共性、关键技术的专利较少，仍然是全球最主要的技术进口国、受让国。这导致我国实际技术创新能力较低，使以专利申请量为表征的技术水平的产业升级推动效用大打折扣，作用力度较小。2020年，中国企业的研发强度平均只有1.6%，这与世界一流企业的标准还相差很多。近年来许多研究已证实，企业实现高端攀升的关键在创新，提升企业技术创新能力和自主创新能力是升级的重大核心问题。

当前，世界正在进入以信息产业为主导的经济发展时期，新工业革命催生

了大量新技术、新产业、新业态和新模式，为我国产业从中低端走向中高端奠定了技术经济基础，为加快我国经济转型升级、掌握发展主动权提供了重要机遇。中国企业要把握数字化、网络化、智能化融合发展的契机，沿着产业高端化、服务化、绿色化的发展方向不断探索创新，以信息化、智能化为杠杆培育新动能。以制造业智能化发展、带动服务业等产业发展。

一是抓住当前的历史机遇，加大研发投入，提高自主创新能力，实现高端突破。升级的驱动力主要来自升级主体的自我强化和学习创新，不断增强企业研发创新力是企业升级的重要驱动力，并体现为产品研发能力、技术攻关能力、新产品和专利产出能力等方面的增强（刘川，2015）。加大对高新技术产业核心技术环节和传统产业高端环节的研发设计投入力度，提高自主创新能力，搭建起核心技术产业链和高端技术产业链。只有增强自主创新能力，才能在自主研发和技术创新的基础上构建包括核心元件技术、精密制造技术在内的核心技术链，实现核心技术的重点突破和新能源、新材料、新医药等战略性新兴产业的高端突破。只有全力整合科技创新要素，在以人工智能、大数据、云计算、5G、区块链技术等新兴技术为代表的新基建中增强自主创新能力，才能构建新兴技术智能链。以新技术应用来促进制造转型升级不仅是世界各国的普遍经验，而且是实现经济可持续增长的通用路径（邓仲良、屈小博，2021）。因为国内制造业可凭借其具有很强的产业关联及扩散效应吸纳系统内部的各种核心技术，各细分产业行业间又可形成更加丰富、密切的经济技术联系，并引发从而带动产业链的整体升级。

二是重视企业内生性的创新生态系统，提高研发创新能力。新一轮科技革命和产业变革的加速演进，使全球科技竞争态势越发激烈，各国企业试图抓住这一轮科技创新机遇，引致人才，努力提升自身科技能力。企业这一微观主体仅盯住技术，缺少内生性的创新生态系统，不利于人才孕育和培养，将会在新科技革命中被淘汰出局。抢占价值链上游的研发、设计环节需要大量的专利、技术储备，高新技术的重要载体是高技术人才，所以人力资源自然成为提升GVC分工地位的关键因素，人力资源禀赋在上游环节主导产业的转型升级中发挥关键作用（魏龙、王磊，2017）。加大对专业技术型人才进行培养和保留，在内部形成具有优势的绩效考核制度，充分发挥技术型人才的工作创新积极性与发展主动性，为核心基础的发展创造优良的环境和氛围。加大对核心技术的保护也尤为重要，为核心技术的研发和发展创造优越的环境与条件。加大对技术研发的投入，独立出完整的研发部门，从科学技术的角度对相关企业内部的技术和资源进行整合与调配，实现对先进技术的引进、吸纳、融合、创造、创新，加强同行之间的交流，汲取优秀、良好的经验和技术成果（周玮，2018）。同时借助政府的力量与当地高校和相关科研机构，全力提升科技创新要素合力，打造新型、长效的产学研合作机制，最大程度地利用各种创新资源及研发力量，提升核心技术和新兴技术的研发创新能力。由于这一轮以智能化、数字化、网络化为核心特征的新工业革命所涉及的科学技术基础的广度、技术融合的深度和市场应用的复杂性都是空前的，任何一家跨国企业都不可能掌握新工业革命产业体系、供应链体系、价值链体系和创新体系的全部环节，需要继续在多边主义原则下构建更加开放的产业生态和创新生态（谢伏瞻，2019），所以企业也需要由内生创新态体系向更多涌现出的外创新生态体系链接和联通，在竞争合作中不断汲取新技术新知识并进行自主创新。

我国企业自主创新能力虽然薄弱但正在快速提升，取得了举世瞩目的成就，并呈现加速赶超的态势，中国正以创新合作者的角色积极迎接全球新工业革命时代的到来（黄群慧，2019）。中国企业也将努力并有能力创造新辉煌。

（二）提高市场营销能力，加大市场势力培育

近些年的贸易摩擦，经济面临较大的下行压力，我国企业在外需衰退及缺少国际市场势力的条件下，普遍意识到应由依赖外需转向注重内需。基于国际国内经济社会发展现实，如何在新形势和新发展格局下更好地服务本国市场、走向国际化，推动企业升级，市场营销能力的培育和提升尤为关键。

市场营销能力是一种更加注重外部市场环境的权变动态能力，能够为企业带来如品牌价值和商誉、渠道资源等独特的外部资源（毛蕴诗等，2016），终端市场营销能力是价值链下游升级能力，能够给企业带来丰厚的消费者利润（张小蒂、朱勤，2007；宗文，2011）。本书的实证结果验证了企业的市场营销能力不仅能够促进企业的升级租金绩效，这种卓越的动态能力称为市场势力，是对企业专有性资源的有效补充，并提升企业的升级租金绩效。在新一轮的科技革命和市场竞争中，既是挑战也是机遇，中国企业应立足国内市场，已有研究表明，我国具有大国经济的特征，中国已经是一个十分庞大的市场，借助需求规模、市场活力、互联网及大数据的智能制造体系与消费者之间的深度融合，以顾客为中心，提升在渠道、品牌、服务等方面的市场营销能力，强化创造价值的能力，推动企业升级。

一是渠道升级。以互联网和数据为基础，传统渠道与线上平台相结合，辐

射半径将得到时间和空间的进一步延伸。由于消费者的忠诚度下降，同时对便利性需求提升，因此线下零售方面，注重店内购物新体验，新零售更加智能化，调动顾客的感官体验和情感认同，为顾客提供娱乐化、舒适化的购物体验。在场方面，全方位地理场域，打通不同零售通路的空间和时间，优化多渠道场景布局。二是品牌塑造。客户对品牌的追求呈现出多样化和个性化的特点。近些年的调查数据显示：大品牌光环减弱，新生势力品牌抢占市场，小品牌市场份额逐年增长。企业借助新技术、本土文化，基于顾客消费心理和体验感，以产品、服务为素材塑造本土品牌。符合时代发展特征的品牌文化决定了品牌的塑造和成长，品牌不再仅表示产品或服务，是包含知名度、美誉度、社会责任和价值体验等的集合体，具有感召力的品牌文化是一种无形资产，也是一种稀缺资源，形成一种难以逾越的竞争壁垒。三是服务体验。调查数据显示：实物性消费占比减少，服务性消费增长。制造企业可以通过应用物联网、大数据等数字技术将顾客需求扩展产品服务领域，协助顾客创造智能生活体验。比如企业在服务包装中含有科技感的创新元素会引起顾客情感共鸣，更受欢迎。当企业的营销对象从商品、服务转变为与产品、服务有关的消费体验，企业的竞争力由产品、服务、体验构成。

魏杰（2021）认为制造企业进入数字时代不能只管生产产品、卖了多少产品，而对于产品卖给谁、有什么样的反馈一无所知，对于"市场需要什么""客户在哪里"这两个重要的信息数据必须重视。企业生产的每一个产品被销往何处、运行状况如何等需要便捷、快速地掌握在手中，可以为企业的生产制造提供有价值的信息。以空调为例，企业通过数字化手段，可掌握用户使用的年限、使用情况，以此预测有多大的更换需求，为企业的生产提供支撑，减少生产脱离市场需要的风险。同时，在零部件的更换维修上，也能通过数字技术了解哪些零部件更容易坏，哪些已经到了需要更换的时候等，以提前布局相关零部件的生产与维修人手安排。而在数字经济的范畴内，这些数据自然也成为企业的商业机密，也是企业的一种财富。所以制造企业要高度重视这些数据，制造业离不开数字经济，数字经济也离不开制造业，要做好两者之间的融合。

数字经济时代，在当前企业向智能化、绿色化、服务化发展的环境下，重视并掌握市场顾客数据，加强数字与制造的有效融合，借助新技术、智能化手段，增强顾客心理感知和产品体验，构建企业独特的竞争优势，形成基于商标版权壁垒、品牌优势、顾客服务满意度等的市场势力，同时加大对专业化的市场营销人才培养力度，扎实推进企业以市场联动整条价值链的升级路径。

四、提升制度支撑体系建设质量

（一）健全企业"质量升级"的制度支撑体系建设

企业条件是实现产业转型升级的微观基础，也决定一国在国际生产组织中的分工地位和企业权力层次。企业的升级需要通过内外力的共同作用以实现在全球价值链中不断向高端环节的攀升。政府适时提供"一揽子"扶持政策，如政府贴息、融资、提高出口退税、新产品减税免税等，是必要且有益的，但是根本性的扶持应该是建设企业"质量升级"的制度支撑体系。创造一个有利于企业成长和发展的制度环境，让企业在一个平等竞争的市场环境所创造的压力中持续升级。

一是坚持市场机制主导的制度体系建设。2021 年《政府工作报告》指出，要"充分发挥市场在资源配置中的决定性作用""继续放宽市场准入，开展要素市场化配置综合改革试点"。尽快落实政府工作报告中的相关内容，降低人为因素对市场的干扰。公共服务平台和市场配套体系的规划建设是制造业升级的不可或缺的重要支撑。①培育良好的融资环境，大力发展中小金融机构，拓展企业升级过程中除了政府财政补贴之外可采用的市场资金支持途径，解决中小企业、制造业企业的融资难问题。②健全完善知识产权保护的市场体系，保护和激励企业技术创新。技术创新能力是增强企业核心竞争力的基础，也是实现产业升级的关键，健全知识产权保护的市场体系，有利于企业通过技术专利获得垄断利润。③完善和规范政府职能。政府在经济发展中的基本职能是维护市场的良好运转，地方政府应因地制宜，按照依法行政的标准充分发挥市场优化资源配置的基础作用，为企业发展创造良好的外部环境。④需要进一步破除条块分割的政府决策体制，打破区域封锁、行业垄断、部门垄断、行政性审批的进入壁垒和制度障碍，实现贸易、资金和资源在各地区、部门和行业之间的合理流动，引导沿海地区产业向中西部地区转移，助力国内产业的梯度转移，建立国内大市场体系，更好地实施内源式开放战略（洪联英等，2013）。在加快构建以国内大循环为主体、国内国际双循环相互促进的新发展格局中，为促进企业"质量升级"创造良好的市场基础和制度环境。

二是优化营商环境建设。企业升级除了需要通过创新发展自身的核心竞争力以培育"内生增长因素",同时,还需要良好的外部营商环境保障,通过内外部机制共同作用实现产业升级(周春山,2014)。进一步简政放权,加大对外开放力度,改善营商环境,提高制度环境供给质量,是助力高质量发展和促进企业升级的有效措施,这一结论也与波特国际竞争优势模型对生产要素的相关表述一致(魏龙、王磊,2017)。完善的制度和良好的营商环境可以降低交易成本(戴翔、郑岚,2015),制度质量是保障价值链终端环节实现销售网络的扩张和流通环节正常运行的关键因素。上海美国商会 2020 年 9 月 9 日发布的《2020 年中国业务报告》显示,受调查企业普遍高度评价中国经营环境的改善。中国本身拥有完善的配套体系、高效的物流系统和庞大的国内市场,工人生产效率大幅提升,在基础设施领域领先东南亚国家 10 年左右(张帅,2021)。虽然贸易争端等突发性非经济因素,正通过影响市场需求和企业预期的方式塑造中国产业的发展环境,但是中国借助"一带一路"倡议等合作不断深化价值链分工体系,在推动自身企业走出去的同时,有效带动了产业生产规模和外贸结构的改进。通过优化营商环境,补营商制度"短板",不断提升助力企业"质量升级"的制度供给能力,打造推动企业升级动力培育的孵化器。

(二)提升企业"质量升级"的制度支持质量

坚持制度与质量并举。如果说制度体系建设是面上支撑,那么制度质量建设是战略支持,是精准支持。政府需因地制宜、因时制宜,以制度创新驱动企业升级。这是面对当前复杂多变的经济形势和尚未健全的产业调控机制,避免"腾笼换鸟"收效甚微的关键。应加强支持产业升级、企业质量升级的内生动力培育,内生动力建设培育除了受升级主体的创新驱动之外,市场、政策等升级环境要素的外在诱导对企业升级过程中的动力培育也发挥着推动或抑制作用。制度创新的方式包括政府制定支持创新活动的产业政策和搭建制度体系等。

一是要通过制度创新带动企业创新。选择重点产业和战略行业,营造产业发展的良好制度环境,从产业扶持、生产消费、投资经贸等方面出台相关激励支持政策,大力发展和扶持先进企业、有为企业。一方面,通过示范效应引导企业苦练内功,集中优势资源做强主业,提升自身的核心竞争力和治理能力。另一方面,引导社会资源集中于提升中国企业的生产率水平,通过扶持政策、环境管制等方式如低碳经济、节能降耗等,诱导相关产业链壮大或萎缩;改变垄断企业占用了过多社会资源但生产率并不高,而一些生产率较高的成长型企业却因缺乏持续的资源资金支持，优化资源配置来切实提升投资收益水平，促进企业转型升级。良好的制度环境实现了资源的有效配置并弥补了市场缺陷，从而为制造业企业实施技术创新和产品创新提供了广阔的发展空间，有利于推动企业技术进步和制造业升级（谢众等，2018）。所以国家技术创新能力取决于该国的制度质量（Tebaldi et al.，2013）。

二是要通过制度创新释放创新动能。一方面，通过创新激励的体制创新和制度保障来激发企业开展自主创新与模仿创新，让企业和产业在市场机制环境中自发形成一种多层次的产业结构和多梯度的技术水平，以创新价值链联动起不同地域、不同能力层次的异质性企业，广泛受益、合作发展。同时，在升级过程中，企业在关键领域的创新成果还需要有适时适度的配套政策出台和制度支持。而这对激励当前遭遇发达国家技术封锁的企业自主创新尤为重要，即使中国企业在供应链的关键环节或关键技术上产生了自主性突破性的技术创新成果，但是产业链上下游厂商可能基于风险性的考量，往往不采用中国企业的这项自主创新技术成果。最近，华为企业发布鸿蒙系统之后公开表示，"这是一个面向所有智能设备厂商的开源系统，欢迎各位友商能够加入鸿蒙的生态中，华为也会尽自己最大的努力给予想加入的友商全方位的帮助"。但是面对这样一个开放开源的国产手机操作系统，只有荣耀和中兴两家企业表示要跟进，小米等国产手机厂商等仍谨慎旁观。因此，政府要通过制度支持，以国企或有行业影响力的企业先行示范效应，为驱动企业创新升级提供一个良好的制度支撑环境。另一方面，保障创新驱动的人才政策落到实处，提高制度支持的质量。因为企业升级的最终主体是创新人才和熟练技工，投资效益水平的提高有赖于人力资本水平的不断提升，但随着人口老龄化、特别是新生代劳动力结构的新变化，我国制造业不仅面临创新人才严重缺乏，而且低技能劳动力日益短缺，"自主创新"和"人才短缺"矛盾较突出，制约着技术技能转型升级。政府和企业应当共同担负起提升国家人力资本水平的责任。通过政府制度安排，以完善高等教育体制、广泛引进高技术人才等方式提升人力资本，对创新企业、创新人才、实用新型技能员工进行创新激励和产权保护，激发企业和创新人才开展自主创新与模仿创新的主动性和积极性，激励企业追加投资和长远发展。企业应为员工提供培训以提高员工素质，并通过创新激励措施激发员工创新能力。同时，政府、高等院校与企业合力，通过人才的引进、培养和完善培训的阶梯，实现人才升级、培训升级、就业升级，从而形成与企业升级相适应的人力资本结构，为突破制造业技术升级和技能升级软肋提供主体条件（洪联英，2013）。

　　三是在新一轮全球化和工业革命的背景下，中国企业在实践"质量升级"向全球价值链中高端攀升并奋力迈向世界一流企业的过程中也将向世界贡献中国特色的企业管理智慧与企业管理方式。

参考文献

［1］ Azadegan A, Wagner S M. Industrial Upgrading, Exploitative Innovations and Explorative Innovations ［J］. International Journal of Production Economics, 2011, 130 (1): 54-65.

［2］ Barney J. Firm Resources and Sustained Competitive Advantage ［J］. Advances in Strategic Management, 1991, 17 (1): 3-10.

［3］ Brandt L, Thun E. Constructing a Ladder for Growth: Policy, Markets, and Industrial Upgrading in China ［J］. World Development, 2016 (80): 78-95.

［4］ Burt R S. Structural Holes: The Social Structure of Competition ［M］. Cambridge, MA: Harvard University Press, 1992.

［5］ Clausen T H. Do Subsidies Have Positive Impacts on R&D and Innovation Activities at the Firm Level? ［J］. Structural Change and Economic Dynamics, 2009, 20 (4): 239-253.

［6］ Coff R W. The Co-evolution of Rent Appropriation and Capability Development ［J］. Strategic Management Journal, 2010, 31 (7): 711-733.

［7］ Cui Z, Mao Z, Zong W, et al. Existence Results for a Class of the Quasilinear Elliptic Equations with the Logarithmic Nonlinearity ［J］. Journal of Function Spaces, 2020 (1): 1-9.

［8］ Cummings J. Work Groups Structural Diversity and Knowledge Sharing in a Global Organization ［J］. Management Science, 2004, 50 (3): 352-364.

［9］ Dyer J H, Hatch N W. Relation-specific Capabilities and Barriers to Knowledge Transfers: Creating Advantage Through Network Relationships ［J］. Strategic Management Journal, 2006, 27 (8): 701-719.

［10］ Dyer J H, Singh H, Kale P. Splitting the Pie: Rent Distribution in Alliances and Networks ［J］. Managerial and Decision Economics, 2008, 29 (2-3): 137-148.

［11］Dyer J H, Singh H. The Relational View：Cooperative Strategy and Sources of Interorganizational Competitive Advantage ［J］. Academy of Management Review, 1998, 23（4）：660-679.

［12］Eisenhardt K M, Martin J A. Dynamic Capabilities：What Are They? ［J］. Strategy Management Journal, 2000, 21（10-11）：1105-1121.

［13］Eng T Y, Spickett-Jones J G. An Investigation of Marketing Capabilities and Upgrading Performance of Manufacturers in Mainland China and Hong Kong ［J］. Journal of World Business, 2009, 44（4）：463-475.

［14］Gereffi G. International Trade and Industrial Upgrading in the Apparel Commodity Chain ［J］. Journal of International Economics, 1999, 48（1）：37-70.

［15］Gereffi G, Korzeniewicz M. Commodity Chains and Global Capitalism ［M］. Boston：Greenwood Publishing Group, 1994.

［16］Gereffi G, Lee J. Why the World Suddenly Cares About Global Supply Chains ［J］. Journal of Supply Chain Management, 2012, 48（3）：24-32.

［17］Gereffi G, Memedovic O. The Global Apparel Value Chain：What Prospects for Upgrading by Developing Countries? ［R］. Working Paper, UNIDO, 2003.

［18］Giuliani E, Pietrobelli C, Rabellotti R. Upgrading in Global Value Chains：Lessons from Latin American Clusters ［J］. World Development, 2005, 33（4）：549-573.

［19］Gulati R, Nohria N, Zaheer A. Strategic Networks ［J］. Strategic Management Journal, 2000, 21（3）：203-215.

［20］Hult G T M, Hurley R F, Knight G A. Innovativeness：Its Antecedents and Impact on Business Performance ［J］. Industrial Marketing Management, 2004, 33（5）：429-438.

［21］Humphrey J, Schmitz H. Developing Country Firms in the World Economy：Governance and Upgrading in Global Value Chains ［R］. INEF, 2002.

［22］Humphrey J, Schmitz H. Governance and Upgrading：Linking Industrial Cluster and Global Value Chain Research ［R］. Institute of Development Studies, 2000.

［23］Kang M P, Mahoney J T, Tan D. Why Firms Make Unilateral Investments Specific to Other Firms：The Case of OEM Suppliers ［J］. Strategic Management Journal, 2009, 30（2）：117-135.

［24］Kaplinsky R, Morris M. A Handbook for Value Chain Research ［R］. Paper for IDRC, 2000.

［25］ Kaplinsky R, Morris M, Readman J. Understanding Upgrading Using Value Chain Analysis ［R］. A Handbook for Value Chain Research, Paper for IDRC, 2002.

［26］ Kaplinsky R, Readman J. Integrating SMEs in Global Value Chains: Towards Partnership for Development ［R］. United Nations Industrial Development Organization, 2001.

［27］ Kaplinsky R, Readman J, Memedovic O. Upgrading Strategies in Global Furniture Value Chains ［R］. Working Paper, UNIDO, 2008.

［28］ Kim C, Park J H. The Global Research-and-development Network and Its Effect on Innovation ［J］. Journal of International Marketing, 2010, 18 (4): 43-57.

［29］ Lavie D. The Competitive Advantage of Interconnected Firms: An Extension of the Resource-based View ［J］. Academy of Management Review, 2006, 31 (3): 638-658.

［30］ Leask G, Parker D. Strategic Groups, Competitive Groups & Performance within the UK Pharmaceutical Industry: Improving Our Understanding of the Competitive Process ［J］. Strategic Management Journal, 2007, 28 (7): 723-745.

［31］ Liou F, Tang Y, Huang C. Asset-Light Business Model: A Theoretical Framework for Sustained Competitive Advantage ［C］. Proceeding of Eighth International Business Research Conference, 2008.

［32］ Makadok R. Toward a Synthesis of the Resource-Based and Dynamic-Capability Views of Rent Creation ［J］. Strategic Management Journal, 2001, 22 (5): 387-401.

［33］ Miller D, Shamsie J. The Resource-Based View of the Firm in Two Environments: The Hollywood Film Studios from 1936 to 1965 ［J］. Academy of Management Journal, 1996, 39 (3): 519-543.

［34］ Morris M, Staritz C, Barnes J. Value Chain Dynamics, Local Embeddedness, and Upgrading in the Clothing Sectors of Lesotho and Swaziland ［J］. International Journal of Technological Learning, Innovation and Development, 2011, 4 (1-3): 96-119.

［35］ Ndofor H A, Sirmon D G, He X. Firm Resources, Competitive Actions and Performance: Investigating a Mediated Model with Evidence from the In-vitro Diagnostics Industry ［J］. Strategic Management Journal, 2011, 32 (6): 640-657.

［36］ Ndofor H A，Sirmon D G，He X. Utilizing the Firm's Resources：How TMT Heterogeneity and Resulting Faultlines Affect TMT Tasks ［J］. Strategic Management Journal，2015，36（11）：1656-1674.

［37］ Nooteboom B. Learning by Interaction：Absorptive Capacity，Cognitive Distance and Governance ［J］. Journal of Management and Governance，2000，4（1）：69-92.

［38］ Poon T S C. Beyond the Global Production Networks：A Case of Further Upgrading of Taiwan's Information Technology Industry ［J］. International Journal of Technology and Globalisation，2004，1（1）：130-144.

［39］ Porter M E. Competitive advantage：Creating and Sustaining Superior Performance ［M］. New York：The Free Press，1985.

［40］ Porter M E. Competitive Strategy：Techniques for Analyzing Industries and Competitors ［M］. New York：Social Science Electronic Publishing，1980.

［41］ Qureshi M S，Wan G H. Trade Expansion of China and India：Threat or Opportunity？［J］. World Economy，2008，31（10）：1327-1350.

［42］ Romero I，Tejada P. A Multi-level Approach to the Study of Production Chains in the Tourism sector ［J］. Tourism Management，2011，32（2）：297-306.

［43］ Schmitz H. Local Enterprises in the Global Economy：Issues of Governance and Upgrading ［M］. Cheltenham：Edward Elgar Publishing Limited，2004.

［44］ Schmitz H. Local Upgrading in Global Chains：Recent Findings ［A］//Paper to be Presented at the DRUID Summer Conference 2004 on Industrial Dynamics，Innovation and Development ［C］. Elsinore，Denmark，June 14-16，2004.

［45］ Schmitz H. Reducing Complexity in the Industrial Policy Debate ［J］. Development Policy Review，2007，25（4）：417-428.

［46］ Song M，Droge C，Hanvanich S，Calantone R. Marketing and Technology Resource Complementarily：An Analysis of Their Interaction Effect in Two Environmental Content ［J］. Strategic Management Journal，2005，26（3）：259-276.

［47］ Teece D J. Explicating Dynamic Capabilities：The Nature and Microfoundations of（Sustainable）Enterprise Performance ［J］. Strategic Management Journal，2007，28（13）：1319-1350.

［48］ Teece D J，Pisano G，Shuen A. Dynamic Capabilities and Strategic Management ［J］. Strategic Management Journal，1997，18（7）：509-533.

［49］ Tsai W. Knowledge Transfer in Intraorganizational Networks：Effects of Network Position and Absorptive Capacity on Business Unit Innovation and Performance ［J］. Academy of Management Journal, 2001, 44（5）：996-1004.

［50］ Ulrich D, Barney J B. Perspectives in Organizations：Resource Dependence, Efficiency, and Population ［J］. Academy of Management Review, 1984, 9（3）：471-481.

［51］ Uzzi B. Social Structure and Competition in Interfirm Networks the Paradox of Embeddedness ［J］. Administrative Science Quarterly, 1997（42）：36-67.

［52］ Wilden R, Gudergan S P, Nielsen B B, Lings L. Dynamic Capabilities and Performance：Strategy, Structure and Environment ［J］. Long Range Planning, 2013, 46（1-2）：72-96.

［53］ Wen Zong, Jing Yang, Zheshi Bao. Social network fatigue affecting continuance intention of social networking services：The case of WeChat users in China's universities ［J］. Data Technologies and Applications, 2019, 53（1）：123-139.

［54］ Wen Zong, Yueyou Zhang, Qichang Dong. Population Quality, Skill Premium, and Service Industry Growth ［J］. IAR Journal of Business Management, 2021, 2（4）：38-50.

［55］ Williamson O. The Economic Institutions of Capitalism ［M］. New York：Free Press, 1985.

［56］ Yeh M L, Chu H P, Sher P J, Chiu Y C. R&D Intensity, Firm Performance and the Identification of the Threshold：Fresh Evidence from the Panel Threshold Regression Model ［J］. Applied Economics, 2010, 42（3）：389-401.

［57］ Young D P T. Firms' Market Power, Endogenous Preferences and the Focus of Competition Policy ［J］. Review of Political Economy, 2000, 12（1）：73-87.

［58］ Zhan W, Chen R, Erramilli M K, Nguyen D T. Acquisition of Organizational Capabilities and Competitive Advantage of IJVs in Transition Economies：The Case of Vietnam ［J］. Asia Pacific Journal of Management, 2009, 26（2）：285-308.

［59］ Zhoujin Cui, Zisen Mao, Wen Zong, Xiaorong Zhang, Zuodong Yang. Existence Results for a Class of the Quasilinear Elliptic Equations with the Logarithmic Nonlinearity ［J］. Journal of Function Spaces, 2020（12）：1-9.

［60］ Zott C. Dynamic Capabilities and the Emergence of Intraindustry Differential Firm Performance：Insights from a Simulation Study ［J］. Strategic Management Journal, 2003, 24 (2): 97-125.

[61] 陈大龙, 王莉静. 我国制造业企业自主创新动力机制研究 [J]. 科技与经济, 2011, 24 (1): 31-35.

[62] 程虹, 刘三江, 罗连发. 中国企业转型升级的基本状况与路径选择——基于570家企业4794名员工入企调查数据的分析 [J]. 管理世界, 2016 (2): 57-70.

[63] 戴翔, 张雨. 开放条件下我国本土企业升级能力的影响因素研究——基于昆山制造业企业问卷的分析 [J]. 经济学 (季刊), 2013, 12 (4): 1387-1412.

[64] 单浩耘. 数字经济视野下跨境电商企业的升级策略研究——评《跨境电商与国际物流》[J]. 商业经济研究, 2021 (13): 193.

[65] 邓智团. 网络权变、产业升级与城市转型发展——供给侧结构性改革视角下上海传统产业的创新实践 [J]. 城市发展研究, 2016, 23 (5): 105-112.

[66] 邓仲良, 屈小博. 工业机器人发展与制造业转型升级——基于中国工业机器人使用的调查 [J]. 改革, 2021 (8): 25-37.

[67] 丁涛. 网络组织研究的租金缺陷与展望——李嘉图租金的再认识和马克思劳动价值论的应用 [J]. 海派经济学, 2013, 11 (4): 111-122.

[68] 董丽丽, 张瑞华. 根植性、生态位视角下我国对外直接投资的演变研究 [J]. 广西大学学报 (哲学社会科学版), 2008 (4): 34-37.

[69] 杜传忠, 杜新建. 第四次工业革命背景下全球价值链重构对我国的影响及对策 [J]. 经济纵横, 2017 (4): 110-115.

[70] 杜传忠, 冯晶, 李雅梦. 我国高技术制造业低端锁定及其突破路径实证分析 [J]. 中国地质大学学报 (社会科学版), 2016, 16 (4): 114-124.

[71] 段霄, 金占明. 战略群组视角下的市场份额与盈利能力关系研究 [J]. 管理工程学报, 2015, 29 (3): 1-8.

[72] 高瑞泽. 企业价值系统中网络嵌入性对企业策略的影响研究 [D]. 北京交通大学博士学位论文, 2015.

[73] 高照军, 张宏如. 企业成长与创新视角下的产业链升级研究 [J]. 科研管理, 2019, 40 (5): 24-34.

[74] 龚三乐. 全球价值链内企业升级的动力对绩效的影响研究 [D]. 暨南大学博士学位论文, 2007.

[75] 龚三乐. 全球价值链内企业升级绩效、绩效评价与影响因素分析——以东莞IT产业集群为例 [J]. 改革与战略, 2011, 27 (7): 178-181.

［76］郭斌．企业异质性、技术因素与竞争优势：对企业竞争优势理论的一个评述［J］．自然辩证法通讯，2002（2）：55-61．

［77］郭丕斌，张爱琴．负责任创新、动态能力与企业绿色转型升级［J］．科研管理，2021，42（7）：31-39．

［78］韩士专，尹胜柳．上市公司无形资产与经营业绩相关性探析——基于土地使用权和其他无形资产的实证检验［J］．企业导报，2010（24）：20-23．

［79］韩顺平，王永贵．市场营销能力及其绩效影响研究［J］．管理世界，2006（6）：153-154．

［80］何小钢．核心资源、动态能力与跨产业升级——基于科技企业的跨案例研究［J］．科学学与科学技术管理，2019，40（10）：129-145．

［81］洪联英，彭媛，张丽娟．FDI、外包与中国制造业升级陷阱——一个微观生产组织控制视角的分析［J］．产业经济研究，2013（5）：10-22．

［82］侯广辉，张键国．知识网络的形成与企业资源基础理论的演进［J］．岭南学刊，2016（6）：98-105．

［83］胡保亮，方刚．网络位置、知识搜索与创新绩效的关系研究——基于全球制造网络与本地集群网络集成的观点［J］．科研管理，2013，34（11）：18-26．

［84］胡北平．产品内分工与贸易的租金收益及我国制造业转型升级［J］．广东行政学院学报，2012，24（5）：66-72．

［85］胡大立，付毅，胡承嘉．我国企业关键核心技术创新动力机制研究［J］．全国流通经济，2019（30）：37-38．

［86］胡大立．我国产业集群全球价值链"低端锁定"战略风险及转型升级路径研究［J］．科技进步与对策，2016，33（3）：66-71．

［87］胡大立，伍亮．技术势力、市场势力与战略性新兴产业高端化发展研究［J］．科技进步与对策，2016，33（22）：50-55．

［88］胡大立．战略俘获、能力丧失与代工企业低端锁定——基于网络关系能力的调节作用［J］．当代财经，2020（1）：89-100．

［89］胡国恒．国际生产的微观组织与利益博弈机制［D］．西北工业大学博士学位论文，2007．

［90］胡国恒．直接投资、外包与跨国生产网络的空间组织［J］．河南大学学报（自然科学版），2006（3）：68-71．

［91］黄光灿，王珏，马莉莉．全球价值链视角下中国制造业升级研究——

基于全产业链构建［J］．广东社会科学，2019（1）：54-64．

［92］黄群慧，贺俊．中国制造业的核心能力、功能定位与发展战略［J］．中国工业经济，2015，327（6）：5-17．

［93］黄群慧．新发展格局的理论逻辑、战略内涵与政策体系——基于经济现代化的视角［J］．经济研究，2021，56（4）：4-23．

［94］黄群慧，余菁，王涛．培育世界一流企业：国际经验与中国情境［J］．中国工业经济，2017（11）：5-25．

［95］黄群慧．《中国制造业发展研究报告2019：中国制造40年与智能制造》书评［J］．经济学动态，2019（11）：156-157．

［96］黄琬琦．新能源汽车行业政府补助、技术创新能力与企业绩效的实证研究［D］．河北地质大学硕士学位论文，2020．

［97］简晓彬．制造业价值链攀升机理研究［D］．中国矿业大学博士学位论文，2014．

［98］姜奇平．从价值链到价值网络——兼论企业的消亡［J］．互联网周刊，2009（5）：82-83．

［99］姜煜．全球价值链视角下中国制造业升级路径研究［D］．大连理工大学硕士学位论文，2019．

［100］焦凯．互联网经济下企业连接租金的获取研究［D］．新疆财经大学硕士学位论文，2016．

［101］康金红，戴翔．消费升级与价值链攀升：来自我国制造业企业的证据［J］．商业研究，2021（3）：18-25．

［102］孔伟杰．制造业企业转型升级影响因素研究——基于浙江省制造业企业大样本问卷调查的实证研究［J］．管理世界，2012（9）：120-131．

［103］赖红波，丁伟，程建新．网络关系升级对企业升级行为与企业绩效的影响研究［J］．科研管理，2013，34（11）：124-130．

［104］赖磊．全球价值链治理、知识转移与代工企业升级——以珠三角地区为例［J］．国际经贸探索，2012，28（4）：42-51．

［105］李海舰，郭树民．从经营企业到经营社会——从经营社会的视角经营企业［J］．中国工业经济，2008（5）：87-98．

［106］李海舰，聂辉华．论企业与市场的相互融合［J］．中国工业经济，2004（8）：26-35．

［107］李海舰，聂辉华．全球化时代的企业运营——从脑体合一走向脑体

分离 [J]. 中国工业经济, 2002 (12): 5-14.

[108] 李海舰, 魏恒. 新型产业组织分析范式构建研究——从 SCP 到 DIM [J]. 中国工业经济, 2007 (7): 29-39.

[109] 李璐, 张婉婷. 研发投入对我国制造类企业绩效影响研究 [J]. 科技进步与对策, 2013, 30 (24): 80-85.

[110] 李娜. 基于生态位的装备制造业升级路径研究 [D]. 吉林大学硕士学位论文, 2017.

[111] 李生校, 朱志胜, 范羽佳. 技术能力、营销能力对中小企业升级的影响机制——基于浙江纺织企业的实证研究 [J]. 绍兴文理学院学报 (哲学社会科学版), 2009, 29 (5): 103-109.

[112] 李淑悦. 企业转型升级过程中的动态能力构建及作用机理分析 [J]. 科技经济导刊, 2021, 29 (6): 243-244.

[113] 李垣, 刘益. 基于价值创造的价值网络管理 (Ⅰ): 特点与形成 [J]. 管理工程学报, 2001 (4): 38-41, 2.

[114] 廖昭文. 资源型企业转型升级动力研究 [D]. 贵州大学硕士学位论文, 2015.

[115] 琳达.S. 桑福德, 戴夫·泰勒. 开放性成长 [M]. 刘曦译. 北京: 东方出版社, 2008.

[116] 刘川. 基于全球价值链的区域制造业升级评价研究: 机制、能力与绩效 [J]. 当代财经, 2015 (5): 97-105.

[117] 刘冬冬. 全球价值链嵌入是否会驱动中国制造业升级——基于工艺升级与产品升级协调发展视角 [J]. 产业经济研究, 2020 (5): 58-72.

[118] 刘富先, 毛蕴诗. 双重网络嵌入与企业升级: 吸收能力的调节作用 [J]. 重庆大学学报 (社会科学版), 2021, 27 (4): 284-296.

[119] 刘会新, 刘星晨. 基于"资源—能力—地位"生态位评价体系的企业资源分析 [J]. 企业经济, 2015 (1): 11-16.

[120] 刘建国. 企业战略风险识别、评估与动态预警研究 [D]. 北京科技大学博士学位论文, 2008.

[121] 刘建国, 佘元冠. 资源位、低资源位障碍与企业战略风险 [J]. 技术经济与管理研究, 2007 (1): 73-74.

[122] 刘立, 党兴华. 知识价值性、网络位置与网络权力的关系研究 [J]. 科技管理研究, 2015, 35 (1): 177-182.

［123］刘林青，谭力文，施冠群．租金、力量和绩效——全球价值链背景下对竞争优势的思考［J］．中国工业经济，2008（1）：50-58.

［124］刘雪梅．联盟组合：价值创造与治理机制［J］．中国工业经济，2012（6）：70-82.

［125］刘一蓓．我国工业企业创新能力的影响因素研究［D］．中南大学硕士学位论文，2013.

［126］刘志彪，石奇．竞争、垄断和市场势力［J］．产业经济研究，2003（4）：71-77.

［127］龙勇，陈玮．研究型合资企业母公司控制模式的选择——基于专有性资源价值实现与风险防范的视角［J］．科学学与科学技术管理，2014，35（7）：107-115.

［128］卢福财，胡平波．全球价值网络下中国企业低端锁定的博弈分析［J］．中国工业经济，2008（10）：23-32.

［129］卢福财，胡平波．网络租金及其形成机理分析［J］．中国工业经济，2006（06）：84-90.

［130］卢福财．突破"低端锁定"，加快经济发展方式转变［J］．江西财经大学学报，2007（6）：5-6.

［131］陆秋琴，丁洁，黄光球．企业高端化转型升级中提升技术变迁能力影响因素分析［J］．科技管理研究，2021，41（2）：128-137.

［132］罗珉，高强．中国网络组织：网络封闭和结构洞的悖论［J］．中国工业经济，2011（11）：90-99.

［133］罗珉，李亮宇．互联网时代的商业模式创新：价值创造视角［J］．中国工业经济，2015（1）：95-107.

［134］罗珉，刘永俊．企业动态能力的理论架构与构成要素［J］．中国工业经济，2009（01）：75-86.

［135］罗珉．企业知识能力租金的获取机制及其三种途径［J］．经济管理，2008（9）：35-40.

［136］马海燕，熊英．代工企业的国际联盟与升级绩效实证研究［J］．中国地质大学学报（社会科学版），2016，16（3）：105-114.

［137］马海燕，熊英，钟倩．网络嵌入、服务创新与制造企业转型升级绩效的关系研究［J］．中国地质大学学报（社会科学版），2018，18（1）：117-127.

［138］马洪福．技术创新对制造业升级的作用研究［D］．南京财经大学硕

士学位论文，2015.

［139］毛蕴诗，姜岳新，莫伟杰 . 制度环境、企业能力与 OEM 企业升级战略——东菱凯琴与佳士科技的比较案例研究 ［J］. 管理世界，2009（6）：135-145，157.

［140］毛蕴诗，林彤纯，吴东旭 . 企业关键资源、权变因素与升级路径选择——以广东省宜华木业股份有限公司为例 ［J］. 经济管理，2016，543（3）：45-56.

［141］毛蕴诗，刘富先 . 企业能力、升级路径与升级绩效间关系的实证研究 ［J］. 创新与创业管理，2016（2）：76-99.

［142］毛蕴诗，郑奇志 . 基于微笑曲线的企业升级路径选择模型——理论框架的构建与案例研究 ［J］. 中山大学学报（社会科学版），2012，52（3）：162-174.

［143］莫凡 . 产业生命周期视角下政府补贴对企业绩效影响的实证研究 ［D］. 集美大学硕士学位论文，2017.

［144］倪慧君，王兴元，郭金喜 . 集群企业模块化选择与策略互动 ［J］. 中国软科学，2006（3）：117-122.

［145］彭晓燕 . 微笑曲线与中小制造企业商业模式的转变 ［J］. 技术经济与管理研究，2009（3）：54-56.

［146］彭新敏 . 权变视角下的网络联结与组织绩效关系研究 ［J］. 科研管理，2009，30（3）：47-55.

［147］彭新敏，吴丽娟，王琳 . 权变视角下企业网络位置与产品创新绩效关系研究 ［J］. 科研管理，2012，33（8）：137-145.

［148］钱锡红，杨永福，徐万里 . 企业网络位置、吸收能力与创新绩效——一个交互效应模型 ［J］. 管理世界，2010（5）：118-129.

［149］邱红，林汉川 . 全球价值链、企业能力与转型升级——基于我国珠三角地区纺织企业的研究 ［J］. 经济管理，2014，36（8）：66-77.

［150］任曙明，许梦洁，王倩，董维刚 . 并购与企业研发：对中国制造业上市公司的研究 ［J］. 中国工业经济，2017（7）：137-155.

［151］芮正云，罗瑾琏 . 新创企业联盟能力、网络位置跃迁对其知识权力的影响——基于知识网络嵌入视角 ［J］. 管理评论，2017，29（8）：187-197.

［152］沈敏奇 . 低技术企业发展路径选择的研究——基于全球价值链视角 ［J］. 技术经济与管理研究，2021（3）：50-55.

［153］宋林，乔小乐．政府补贴对企业研发投入的影响研究——以装备制造业为例［J］．经济问题，2017（11）：20-27.

［154］孙凤娥，江永宏，苏宁．企业生态位、知识溢出与网络租金份额［J］．商业研究，2016（3）：130-138.

［155］孙凤娥．模块化网络组织租金分配研究［J］．中国工业经济，2013（11）：109-121.

［156］孙凤娥，苏宁，江永宏．网络组织超额利润分配研究［J］．工业技术经济，2015，34（6）：120-127.

［157］孙玥．全球价值链嵌入对资源型企业升级的影响研究［D］．内蒙古大学硕士学位论文，2020.

［158］唐春晖．内部资源、全球网络联结与本土企业升级［J］．财经论丛，2015（3）：74-81.

［159］唐春晖，曾龙凤．资源、网络关系嵌入性与中国本土制造企业升级案例研究［J］．管理案例研究与评论，2014，7（6）：477-490.

［160］王国才，郑祎，王希凤．不同类型关系专用性投资对中小企业能力升级的影响研究［J］．科学学与科学技术管理，2013，34（5）：142-151.

［161］王珏，黄光灿．全球价值链下制造业嵌入式升级研究［J］．区域经济评论，2017（5）：86-93.

［162］王玲．租金视角下供应链竞合的价值创造途径［J］．商业经济与管理，2010（4）：5-11.

［163］王琴．基于价值网络重构的企业商业模式创新［J］．中国工业经济，2011（01）：79-88.

［164］王琴．网络参与者的租金来源与实现途径［J］．中国工业经济，2009（11）：99-108.

［165］王晓萍，胡峰，张月月．全球价值链动态优化架构下的中国制造业升级——基于价值"三环流"协同驱动的视角［J］．经济学家，2021（2）：43-51.

［166］王延飞．企业市场势力、上下游企业集中度与企业绩效的关系研究——基于中国制造业上市公司的实证检验［D］．复旦大学硕士学位论文，2010.

［167］王一卉．政府补贴、研发投入与企业创新绩效——基于所有制、企业经验与地区差异的研究［J］．经济问题探索，2013（7）：138-143.

［168］王昀，孙晓华．政府补贴驱动工业转型升级的作用机理［J］．中国工业经济，2017（10）：99-117.

［169］王智波，李长洪．轻资产运营对企业利润率的影响——基于中国工业企业数据的实证研究［J］．中国工业经济，2015（6）：108-121.

［170］魏龙，王磊．全球价值链体系下中国制造业转型升级分析［J］．数量经济技术经济研究，2017，34（6）：71-86.

［171］温思雅．企业升级研究现状探析与未来展望［J］．现代经济探讨，2015（1）：53-57.

［172］向君．政府补贴、市场竞争与企业创新绩效之间关系的研究［D］．东南大学硕士学位论文，2019.

［173］项丽瑶，胡峰，俞荣建．基于"三矩"结构范式的本土代工企业升级能力构建［J］．中国工业经济，2014（4）：84-96.

［174］项丽瑶，胡峰，俞荣建，李颖灏．关系专用性投资的全球价值链升级功效——基于浙江本土代工企业的实证研究［J］．商业经济与管理，2015（1）：35-42.

［175］肖利平，谢丹阳．国外技术引进与本土创新增长：互补还是替代——基于异质吸收能力的视角［J］．中国工业经济，2016（9）：75-92.

［176］肖沛祺．全球价值链重构对中小制造企业升级的影响文献综述［J］．江苏商论，2021（6）：104-106，112.

［177］谢伏瞻．论新工业革命加速拓展与全球治理变革方向［J］．经济研究，2019，54（7）：4-13.

［178］谢众，吴飞飞，杨秋月．中国制造业升级的创新驱动效应——基于中国省级面板数据的实证检验［J］．北京理工大学学报（社会科学版），2018，20（4）：97-108.

［179］邢锋．基于全球价值链视角下我国制造业升级的影响因素及路径研究［D］．江西财经大学硕士学位论文，2020.

［180］邢会，王伟婷，郭辉丽．中国制造业功能升级演化博弈分析——基于俘获型全球价值链治理视角［J］．科技管理研究，2020，40（8）：120-130.

［181］徐康宁，陈健．国际生产网络与新国际分工［J］．国际经济评论，2007（6）：38-41.

［182］徐刘芬，纪晓东．关联性企业的竞争优势研究——基于拓展的资源基础论视角［J］．西安石油大学学报（社会科学版），2008（1）：46-50.

［183］许晖，许守任，王睿智．嵌入全球价值链的企业国际化转型及创新路径——基于六家外贸企业的跨案例研究［J］．科学学研究，2014，32（1）：

73-83.

[184] 阳立高，龚世豪，王铂，晁自胜．人力资本、技术进步与制造业升级 [J]．中国软科学，2018 (1)：138-148.

[185] 杨娟，阮平南．网络租金的测量研究 [J]．经济管理，2015，37 (2)：149-155.

[186] 杨娟，阮平南．网络租金的形成路径研究 [J]．生产力研究，2016 (1)：1-7.

[187] 杨娟，阮平南，刘晓燕．技术创新网络租金分配的仿真分析 [J]．工业技术经济，2015，34 (10)：23-28.

[188] 杨林，和欣，顾红芳．高管团队经验、动态能力与企业战略突变：管理自主权的调节效应 [J]．管理世界，2020，36 (6)：168-188，201，252.

[189] 杨鹏，张润强，李春艳．全球价值链理论与中国制造业转型升级——基于微笑曲线趋平的视角 [J]．科技管理研究，2020，40 (13)：189-195.

[190] 杨其静．企业成长：政治关联还是能力建设？ [J]．经济研究，2011，46 (10)：54-66.

[191] 杨瑞龙，杨其静．专用性、专有性与企业制度 [J]．经济研究，2001 (3)：3-11.

[192] 姚书杰，蒙丹．企业能力、网络权利与自主生产网络升级机理 [J]．商业研究，2014 (8)：14-18.

[193] 于茂荐，孙元欣．专用性投资、治理机制与企业绩效——来自制造业上市公司的经验证据 [J]．管理工程学报，2014，28 (1)：39-47.

[194] 余东华，芮明杰．基于模块化网络组织的价值流动与创新 [J]．中国工业经济，2008 (12)：48-59.

[195] 余建平，孙冰锋，胡峰．价值链动态嵌入与本土企业转型升级：能力维度、路径及海信案例 [J]．福建论坛（人文社会科学版），2020 (9)：97-107.

[196] 俞荣建，吕福新．由 GVC 到 GVG："浙商"企业全球价值体系的自主构建研究——价值权力争夺的视角 [J]．中国工业经济，2008，241 (4)：128-136.

[197] 俞荣建，文凯．揭开 GVC 治理"黑箱"：结构、模式、机制及其影响 [J]．管理世界，2011 (8)：142-154.

[198] 俞荣建，项丽瑶．根植升级：全球价值链升级新路径 [J]．福建农

林大学学报（哲学社会科学版），2016，19（5）：48-54.

[199] 昝廷全，郭鸿雁，刘彬．中国区域资源位研究［J］．管理世界，2003（11）：111-117.

[200] 昝廷全．资源位的层级结构及其政策启示［J］．中国工业经济，2001，159（6）：76-80.

[201] 昝廷全．资源位理论及其政策启示［J］．中国工业经济，2000（9）：19-22.

[202] 仇建涛，王文剑．资本的专用性、专有性特征与公司治理机制［J］．经济经纬，2004（3）：14-17.

[203] 张国胜，杜鹏飞，陈明明．数字赋能与企业技术创新——来自中国制造业的经验证据［J/OL］．当代经济科学，［2021-11-08］．http//：kns.cnki.net/kcms/detail/61.1400.F.20210819.1223.005.html.

[204] 张辉．全球价值链理论与我国产业发展研究［J］．中国工业经济，2004（5）：38-46.

[205] 张慧敏．企业网络升级动力、机理与路径研究［D］．江西财经大学博士学位论文，2018.

[206] 张杰，陈志远，刘元春．中国出口国内附加值的测算与变化机制［J］．经济研究，2013（10）：124-137.

[207] 张杰，高德步，夏胤磊．专利能否促进中国经济增长——基于中国专利资助政策视角的一个解释［J］．中国工业经济，2016（1）：83-98.

[208] 张杰，刘志彪，郑江淮．中国制造业企业创新活动的关键影响因素研究——基于江苏省制造业企业问卷的分析［J］．管理世界，2007（6）：64-74.

[209] 张杰，郑文平．全球价值链下中国本土企业的创新效应［J］．经济研究，2017（3）：151-165.

[210] 张珉，卓越．全球价值链治理、升级与本土企业的绩效——基于中国制造业企业的问卷调查与实证分析［J］．产业经济研究，2010（1）：31-38.

[211] 张帅．产业升级、区域生产网络与中国制造业向东南亚的转移［J］．东南亚研究，2021（3）：114-135，157.

[212] 张巍，党兴华．企业网络权力与网络能力关联性研究——基于技术创新网络的分析［J］．科学学研究，2011，29（7）：1094-1101.

[213] 张维．基于互联网经济的企业连接租金应用研究［J］．财会通讯，

2017（17）：78-81.

[214] 张小蒂，朱勤．论全球价值链中我国企业创新与市场势力构建的良性互动 [J]．中国工业经济，2007（5）：30-38.

[215] 张兴祥，庄雅娟，黄明亮．全球价值链下中国制造业镜像与突围路径研究——基于"双循环"新发展格局的视角 [J]．人文杂志，2020（11）：72-82.

[216] 张月友，董启昌，方瑾，宗文．人口素质红利时代的中国服务业增长 [J]．经济学家，2020（3）：56-65.

[217] 章凯，罗文豪．中国管理实践研究的信念与取向——第7届"中国·实践·管理"论坛的回顾与思考 [J]．管理学报，2017，14（1）：1-7.

[218] 章立东．"中国制造2025"背景下制造业转型升级的路径研究 [J]．江西社会科学，2016（4）：43-47.

[219] 赵红岩．产业链整合的演进与中国企业的发展 [J]．当代财经，2008（9）：78-83.

[220] 赵世英．基于资源能量视角的企业竞争势构建机理研究 [D]．上海交通大学博士学位论文，2008.

[221] 赵炎，刘忠师．联盟中企业网络位置与资源位置对创新绩效影响的实证研究——基于中国化学药品行业联盟的分析 [J]．研究与发展管理，2012，24（5）：73-82.

[222] 赵颖斯．创新网络中企业网络能力、网络位置与创新绩效的相关性研究 [D]．北京交通大学博士学位论文，2014.

[223] 郑飞，申香华，卢任．政府补贴对企业绩效的异质性影响——基于产业生命周期视角 [J]．经济经纬，2021，38（1）：96-104.

[224] 郑浩，王晓辉．模块营销与我国企业自主创新能力提升的路径 [J]．山东经济，2008（3）：83-89.

[225] 郑琼娥．基于全球价值网格构建的本土代工企业升级机理研究 [D]．华侨大学博士学位论文，2014.

[226] 周长富，杜宇玮．代工企业转型升级的影响因素研究——基于昆山制造业企业的问卷调查 [J]．世界经济研究，2012（7）：23-28，86-88.

[227] 周春山，李福映，张国俊．基于全球价值链视角的传统制造业升级研究——以汕头为例 [J]．地域研究与开发，2014，33（1）：28-33.

[228] 周庆，胡大立，伍亮．市场势力是战略性新兴产业全球价值链高端

化发展的推动力［J］.经贸实践，2016（10）：80.

［229］周玮.全球价值链下的我国代工企业升级的动力机制及其构建研究
［D］.江西财经大学硕士学位论文，2018.

［230］朱秀梅，陈琛，蔡莉.网络能力、资源获取与新企业绩效关系实证
研究［J］.管理科学学报，2010，13（4）：44-56.

［231］宗文，陈文雅.基于结构方程模型的网约车顾客满意度研究——以
南京市为例［J］.南京财经大学学报，2018（5）：69-77.

［232］宗文，霍映宝.南京市建邺区营商环境制度评价与优化研究［J］.
江苏科技信息，2020，37（16）：74-78.

［233］宗文，林源源，金玉健.网络组织的租金创造与租金分配研究［J］.
江苏社会科学，2017（4）：86-94.

［234］宗文.全球价值网络与中国企业成长［J］.中国工业经济，2011
（12）：46-56.